恋愛結婚の終焉

牛窪恵

光文社新書

はじめに

「恋愛は重い」「面倒」「コスパ（コスト・パフォーマンス）が悪い」

２０１５年、そうした20代男女の声や識者インタビュー、男女６００人に対する独自調査から、「なぜ若者が、恋愛しないのか」を読み解いたのが、拙著『恋愛しない若者たち――コンビニ化する性とコスパ化する結婚』（ディスカヴァー携書）でした。

おかげさまで発売直後から増刷を繰り返し、７万部弱のベストセラーにまでなったのは、若い世代だけでなく、親御さんや部課長クラスといった、上の世代の方々にも「うちの子（部下）が恋愛しない理由がよく分かった」など、広く読んでいただいたからでしょう。

この本の版元であったディスカヴァー・トゥエンティワンの前取締役社長・干場弓子氏は、みずからその製作をサポートしてくださいました。そして出版直後から、共に「恋愛に留まらず、次は未婚化、少子化の改善に繋がる本を出したいですね」と話し合ってきたのです。

干場氏は、『「婚活」時代』（山田昌弘、白河桃子共著）や『超訳 ニーチェの言葉』（白取春彦編訳）など数多くの大ヒット作を世に送り出した、出版界の名プロデューサーです。

今回も本書の企画段階から、２年がかりでプロデュースに関わってくださいました。

そして２０２３年、岸田文雄首相が年頭の記者会見で「異次元の少子化対策」を掲げたこの年に、いわば未婚化、少子化の盲点に迫る本書、『恋愛結婚の終焉』を出版することになったのです。

私自身は、マーケティングライターであり、世代・トレンド評論家です。現在、立教大学大学院（ＭＢＡ）の客員教授として、「消費者行動論（Consumer Behavior）」の授業で教鞭をとりながら、新聞や雑誌に連載記事を執筆したり、全国で講演活動をしたり、コメンテーターとしてテレビ番組にレギュラー出演させていただいたりしています。

本業は、企業各社との新たな商品・サービス開発（住宅、自動車、食品、飲料、ＳＣ開発ほか）に向けた、マーケティング業務です。２００１年の起業以来、30人強の女性スタッフと共に、10～70代まで幅広い世代へのインタビュー（定性調査）やエスノグラフィー（行動観察調査）を、おそらく1万人以上に対して行なってきました。

「おひとりさま」や「草食系男子」「年の差婚」などの言葉を世に広めた、と言われることが多いのですが、こうした流行語も、企業各社から「なぜ若い男性が『お酒を飲みたくない』『クルマが欲しくない』と言うようになったのか、調べてください」といった調査依頼が入り、その調査過程で世間より〝半歩先に〟、社会の変化に気づきを得たからだと言えるでしょう。

若者の「恋愛離れ」についても同様です。

２００８年、草食系男子に関する本（『草食系男子「お嬢マン」が日本を変える』講談社＋α新書）を上梓した直後から、私は若い男女の恋愛離れに気づいていました。そこから5年超にわたり、当時の20代男女（おもに現30代）への恋愛・結婚に関する調査を続け、その成果を世に伝えようと出版したのが、先の『恋愛しない若者たち』です。

若者にせよ、シニアにせよ、一般の男女の志向が大きく変わる背後には、必ずなんらかの環境要因（変化）、すなわち、「マーケティングの神様」と呼ばれるフィリップ・コトラー名誉教授（ノースウェスタン大学）が「ＰＥＳＴ分析」の頭文字で示した、「Politics【政治】」

「Economy【経済】」「Society【社会】」「Technology【技術】」の４つの環境要因などが影響を与えています。

そこで拙著では、社会や経済、政治、メディアとの関わりから、若者の恋愛離れを考察しました。一例が、【技術（ＳＮＳの普及など）】がもたらした「恋愛リスク情報の露呈」や、【経済（所得や雇用の格差など）】がもたらした「恋愛格差社会」などです。

２０１４年、政府（内閣府）もようやく、若者の「恋愛離れ」に関する調査結果を公表しました。当時20～30代未婚で恋人がいない男女の約４割（37・６％）が「恋人が欲しくない」と答え（図表０‐１）、欲しくない理由の約半数（46・２％／第１位）に「恋愛が面倒」が挙がった（図表０‐２）、との内容です。「恋愛に興味がない」も、このとき既に、約３割（28・０％）にのぼっていました（同「結婚・家族形成に関する意識調査」）。

こうした現状は、全国の老若男女、多くの人々に衝撃を与えたようです。

とくに、かつて「恋愛至上主義」などと言われた現50～60代の親世代は「若いのに恋愛に興味がないなんて、なぜ？」「でもそういえば、うちの息子（娘）も、恋愛に関心がないみたいだけれど」など、次々と驚きや不安の声を上げるようになりました。

図表 0 - 1　未婚者、かつ恋人がいない20代の4割が「恋人が欲しくない」

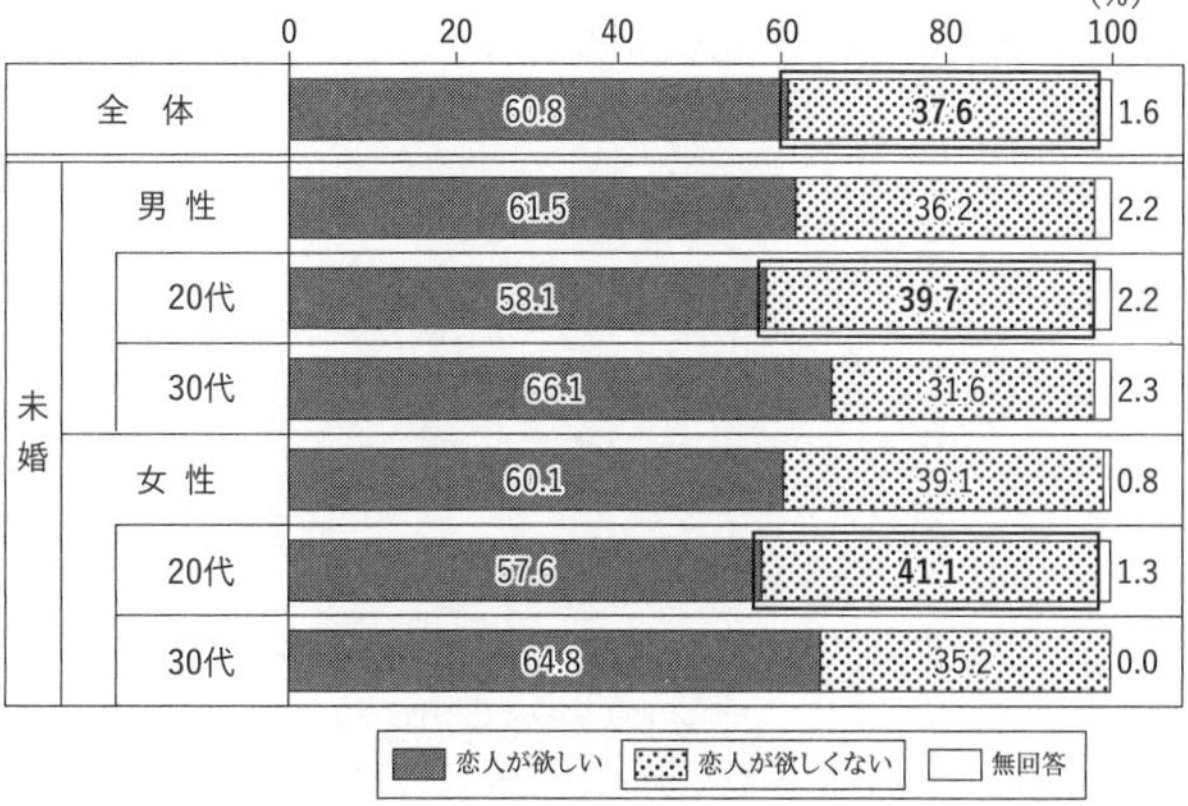

出所）2014年 内閣府「結婚・家族形成に関する意識調査」より

図表 0 - 2　恋人が欲しいと思わない理由、第 1 位は「恋愛が面倒」

（%）

		仕事や勉強に力を入れたい	自分の趣味に力を入れたい	友人と過ごす時間を大切にしたい	過去に恋愛で失敗した	**恋愛が面倒**	恋愛に興味がない	他人と恋人として交際するのがこわい	その他	無回答
全　体		32.9	45.1	15.4	4.5	46.2	28.0	12.9	10.5	2.4
未婚	男 性	34.2	47.3	14.4	4.8	47.3	25.3	8.9	10.3	1.4
	20代	42.9	51.6	20.9	3.3	47.3	22.0	7.7	6.6	2.2
	30代	20.0	40.0	3.6	7.3	47.3	30.9	10.9	16.4	0.0
	女 性	31.4	42.9	16.4	4.3	45.0	30.7	17.1	10.7	3.6
	20代	33.0	49.5	18.6	5.2	42.3	30.9	18.6	8.2	4.1
	30代	27.9	27.9	11.6	2.3	51.2	30.2	14.0	16.3	2.3

1位　2位　3位

出所）2014年 内閣府「結婚・家族形成に関する意識調査」より

社会的に、改めて「未婚化」や「少子化」への懸念が高まったのも、このころでした。日本では「婚外子（婚姻関係がない男女による子ども）」がいまだ２・４％しかおらず、未婚化が進めば少子化も進むだろうと考えられているので、当然といえば当然でしょう（２０２０年 ＯＥＣＤ「Family Database-Share of births outside of marriage」）。

しかし半面、私の脳裏には「別の思い」が浮かんでいました。

——いや、必ずしも「恋愛離れ＝結婚離れ」とは言い切れない。「結婚には恋愛が必要だ」との概念を捨てて、「結婚と恋愛は別だ」と割り切れば、むしろ未婚化の状況を好転させられるのではないか——。

なぜなら、「恋愛が面倒」とする半面、結婚については「いつかは結婚したい」と希望する若者が、いまも大半を占めるからです。

２０２１年、国の第三者機関が実施した調査でも、18～34歳の男女の8割以上が、「いずれ結婚するつもり」だと考えており、たとえ恋愛が「面倒」であっても、結婚にはまだなんらかの魅力を感じていると言えます（同 国立社会保障・人口問題研究所「第16回出生動向基本調査」〈結婚と出産に関する全国調査〉）。

そうだとすれば、最初から恋愛と結婚を切り離し、「結婚に恋愛は要らない」と割り切れば、「恋愛しなければ、結婚はできない」と焦る若者たちのストレスを、少なからず軽減できるはずです。同時に、「恋愛は面倒だけれど、結婚はしたい」とする若い世代の一定のニーズにも、十分応えられるでしょう。

そもそも、恋愛と結婚、出産をセットとして捉える「三位一体」の概念、すなわち「ロマンティック・ラブ・イデオロギー」は18〜19世紀のヨーロッパ社会で生まれたのち、日本においても結婚（恋愛結婚）の根幹とされてきました。ですが、その〝常識〟は、この半世紀程度のものでしかありません。

社会学者で中央大学文学部の山田昌弘教授は、「日本ではこの三位一体の概念が、昭和の高度経済成長期以降、近代家族を形成するうえで便利に機能してきた」と見ています。

ですが、既に１９９０年代に入るころから、ロマンティック・ラブ・イデオロギーの変容や機能不全を指摘する声が、山田教授や、東京大学の上野千鶴子名誉教授（社会学者）ら識者を中心に、次々と上がっていたのです。

しかし、私たちの多くは、その状況に気づいておらず、１９９０年代半ば以降もロマンティック・ラブを当然のものと信じ、「結婚には恋愛が必要だ」と思い込んできました。

関西大学総合情報学部の谷本奈穂教授は、「１９９０年代半ば以降の『自由恋愛』の浸透は、若者の多くを『恋愛のゴールは結婚である』というロマンティック・ラブ・イデオロギーからは解放したが、代わりに『結婚には恋愛が不可欠だ』という新たな概念、すなわち『ロマンティック・マリッジ・イデオロギー』が主流となってしまった」といいます。

そうだとすれば、「恋愛が面倒」となったいま、結婚へのハードルは、むしろ以前より上がってしまった可能性があります。恋愛は、たとえ面倒だと感じていても、結婚に向けて絶対に避けては通れない「関門」のようなものだからです。

ありがたいことに、私は各種講演やテレビ出演、政府の有識者会議などにも出席させていただく立場上、様々な方面の識者の方々と意見交換する機会に恵まれています。そのなかで、次のような事実に突き当たりました。

――社会学や歴史学、科学、行動経済学など多方面から見ても、恋愛と結婚を結びつけて考える「恋愛結婚」の概念には、相当無理があるようだ――

そこで本書では、第1章から第4章までをそれぞれ、「社会学」「歴史学」「科学（脳科学、進化人類学）」「行動経済学」をテーマに構成しました。そのうえで各章において、恋愛と結婚の本質や、恋愛結婚の妥当性、あるいは新時代の結婚の概念やその可能性などについて、各方面の識者へのインタビューや論文、各種データ、参考文献から見ていきます。

たとえば、２０２２年の民間の調査で、「恋愛と結婚は別なものだと思う」の回答は、30代以下の世代ほど、そして女性ほど多く、30代女性で58・3％、20代女性で59・5％にも達していました（同・博報堂生活総合研究所調べ）。第1章と第5章では、こうした各種データのほか、これまで私が積み重ねてきた20～30代の若者たちへの取材内容や生の声、企業取材などを通じ、「なぜ恋愛が面倒になったのか」や、「なぜ恋愛を後回しにして、早く結婚したいのか」など、昭和から令和に至る若い世代の変遷をご紹介します。

とくに第5章では、未婚化や少子化の具体的な解決策への提言を24項目挙げましたので、ぜひ参考になさってください。

図表０-３　「いずれ結婚するつもり」の回答割合・推移（18～34歳・未婚者）

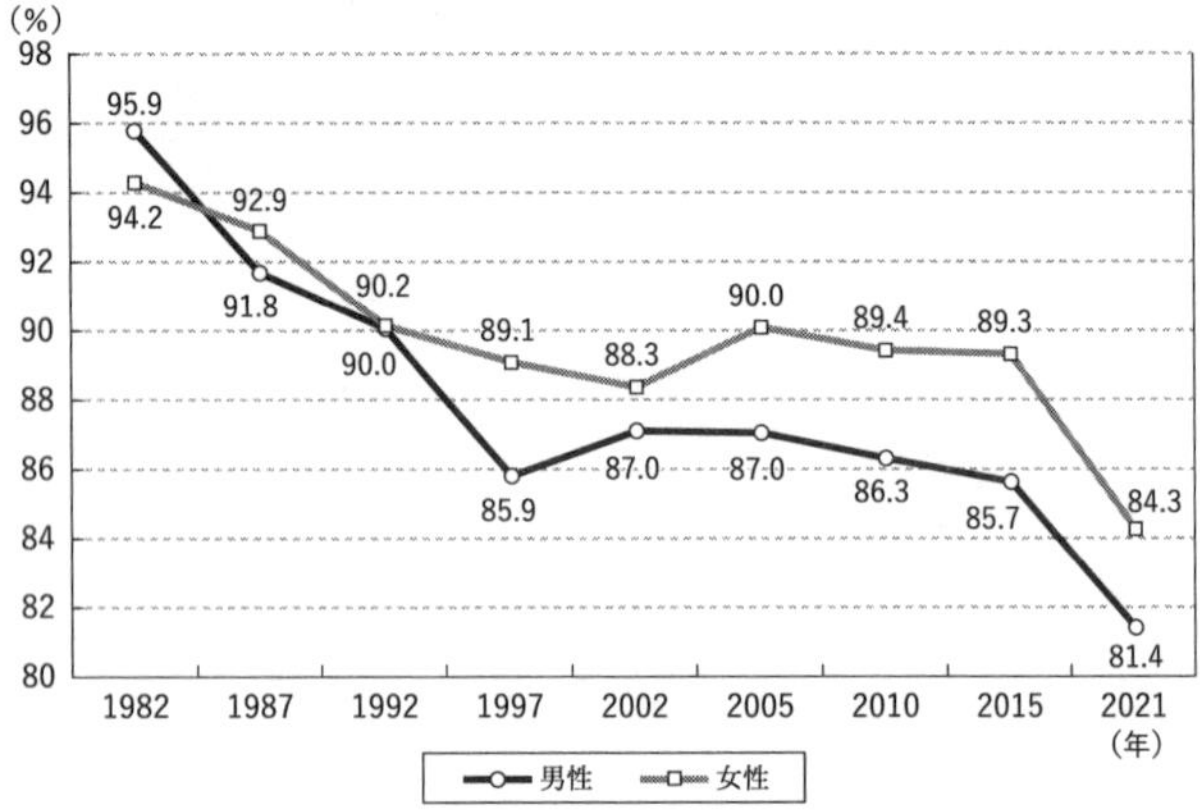

出所）2021年 国立社会保障・人口問題研究所「第16回出生動向基本調査」より

実はもう、時間的猶予はありません。

先の「第16回出生動向基本調査」（２０２１年）を見ると、「いずれ結婚するつもり」と答える若者たちが、目に見えて減少傾向にあります（図表０-３）。

とくに年代別にみると、６年前の前回調査（第15回／２０１５年）に比べ、20～24歳の女性で５・２％減（91・４％→86・２％）、30～34歳の女性で６・７％減（84・２％→77・５％）、同男性に至っては12・５％減（83・３％→70・８％）など、調査対象のほぼすべてで、軒並み結婚の意向が減少していました。長年、彼らに根強かった「結婚」の魅力さえ、既に薄れ始めていると言えるでしょう。

一体なぜなのでしょうか。

その理由についても、後ほど詳しく考察しますが、「格差」以外で最も分かりやすいのは、男女共に「結婚相手に求める条件」が、昭和の時代と大きく変わったから、でしょう。

第1章、第5章で述べる通り、いまや男性の半数近くが女性に「経済力」を、女性の9割以上が男性に「家事・育児の能力や姿勢」を求めるようになりました（「第16回出生動向基本調査」）。半面、結婚に至るまでの「恋愛」では、相変わらず、男性が女性に「女らしさ」を、女性が男性に「男らしさ」を求めており、恋愛と結婚が大いに矛盾しているのです。

だからこそ、本書では「結婚には恋愛が必要だ」という昭和の概念から脱却し、若者の「恋愛離れ」を受け入れたうえで、「結婚に恋愛は要らない」という歴史学的に、あるいは科学的、行動経済学的にも理に適《かな》った概念を、打ち出すことにしました。

同時に、Z世代をはじめとしたいまの若者たちが求める「共創（Co-Creation）」、すなわち、思いを共有するパートナーや仲間と共に、よりよい未来や社会を創りあげていこうとするマーケティング由来の思考こそが、令和の時代に求められる結婚に通じるのではないかと思い、新たに「共創結婚」の概念を提案しようと決めたのです。

私の両親は「熟年離婚」しており、私は結婚を万能な制度だとは考えません。一方で、私自身は子どもがいないながらも、結婚して24年、改めて結婚生活の面白さと奥深さを実感する毎日です。将来に向けたリスクヘッジを考えるうえでも、合理的な制度であると思います。

これほど先行き不透明な時代になっても（だからこそ？）、若者たちの8割以上は、まだ結婚になんらかの憧れを抱いてくれているのです。

いまこそ、彼らを昭和の「恋愛結婚」の呪縛から解放し、「結婚に恋愛は要らない」のだと安心させてあげることが、上の世代の大人たちの責任ではないでしょうか。

婚活アプリでＡＩがお薦めの異性をリコメンドし、実在しないバーチャルアイドルに恋する若者が増え、ＣｈａｔＧＰＴが恋愛リスクを滔々《とうとう》と説明する時代です。令和のいま、昭和の概念に終わりを告げ、新時代の結婚について、真剣に考えてみませんか？

恋愛結婚の終焉　目次

＊本書に登場する人物の年齢等は、いずれも2023年8月時点のものです。

第1章

なぜ「恋愛」「結婚」しないのか

読者の中には「なぜ、『「おひとりさま」マーケット』の本を書いた牛窪が、この本では『結婚』を提唱するのだ?」と、首を傾げている方もいらっしゃるかもしれません。

結論からいうと、私は「結婚はしてもしなくても、個人の自由」だと考えます。「はじめに」にも書いた通り、両親が熟年離婚したこともあり、結婚が万能な制度だとも思いません。

半面、令和のいま、まだ8割以上の若者は「いずれ結婚するつもり」だと答えており、おそらくその多くは異性と入籍し、共に暮らす婚姻スタイルをイメージしているでしょう。よって、まずは彼らが望むその形を実現するために、「恋愛しなければ結婚できない」という、既に形骸化している昭和の「三位一体」の概念を見直し、新たな令和の結婚の形を提案することにしました。まずは、悩める若者たちの声からお聞きください。

1・1　少子化対策の遅れと「恋愛結婚の終焉」

「子どもは贅沢品」「結婚は嗜好品」

「政府は全然分かってない。そもそも、〝結婚できる身分〟の人が少ないことのほうが問題なのに」
「子どもは『ブランドもの』みたいな贅沢品、結婚は『したい人だけがする』嗜好品でしょ。そんなことのために、自分が（財源を）負担させられるのは、納得いかない」

　私が取材したZ世代の男女は、次々にそんな言葉を口にしました。２０２３年１月、岸田首相が「（’23年を）異次元の少子化対策に挑戦する年にしたい」と宣言し、最初の試案を提示した直後（同４月）のことです。

「子どもは贅沢品」は、’23年春ごろにＳＮＳで話題となったワード、一方の「結婚は嗜好品」は、私が拙著『恋愛しない若者たち』を執筆した前後（’15年ごろ）から、よく言われるようになった言葉です。いずれも、おもに将来不安を抱く若者を中心に発せられ、「自分たちは日々の生活で精一杯で、いまは結婚・出産する余裕がない」、あるいは「（結婚・出産の）優先順位が低い」といったニュアンスです。

　ところで、なぜ’23年、政府は「異次元の少子化対策（のちに「次元の異なる～」に言い換え）」や「ラストチャンス」を口にしたのでしょうか。

　これは’22年、日本の国内出生数（速報値）が前年比５・１％減の79万９７２８人となり、統計を取り始めた１８９９年以来、初めて80万人を割り込んだことによるものだと思われま

図表1-1　出生数の推移

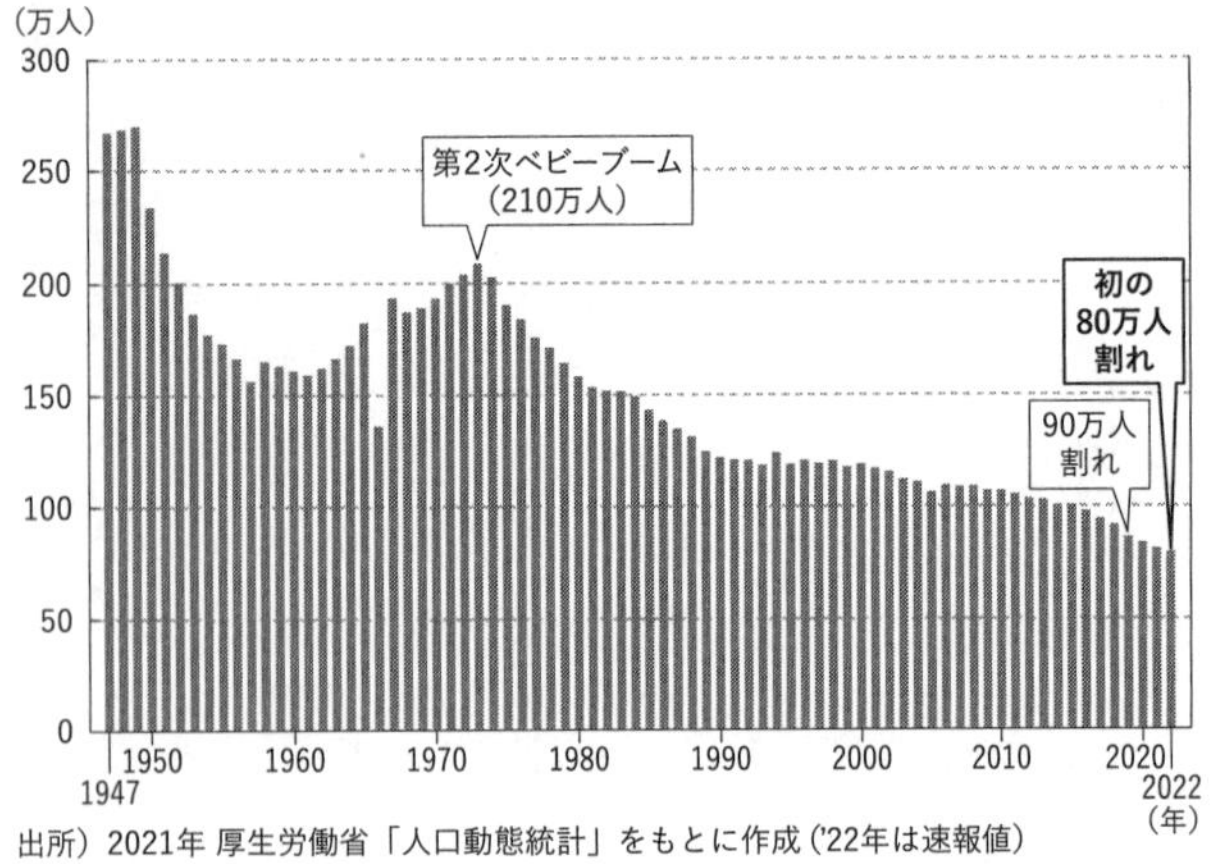

出所）2021年 厚生労働省「人口動態統計」をもとに作成（’22年は速報値）

す（同・厚生労働省「人口動態統計」）。80万人割れは従来、２０２３年に起こり得ると予測されていたので、想定より11年も早く少子化が進んだことになります。

背後には、新型コロナウイルスの感染拡大によって’20～’21年の婚姻件数が減少した影響もあるはずですが、それだけが原因とは思えません。実はコロナ禍の前から、出生数の減少は顕著でした。

第２次ベビーブーム（’71～’74年生まれ／おもに団塊ジュニア世代）のころ、約２１０万人にのぼったその数は、多少の増減を繰り返しながらも大幅に減少傾向へと向かい、’16年には年間１００万人を、’19年には90万人を下回りました（図表１‐１）（厚生労働省「人口動態統計」)。

日本で2番目に人口が多い団塊ジュニア世代は、既に47～52歳（筆者定義。以下同／'23年現在）です。その子に当たるのが、おもに現在20代の「Z世代（'95～'04年生まれ／現19～28歳）」なのですが、現20代の人口は親世代の団塊ジュニアが20代のころに比べ、3割以上も減ってしまいました。

ただそれでも、その下の世代よりは若干人口が多いため、まさに彼らが今後、結婚・出産してくれるか否かが、少子化対策の事実上の「ラストチャンス」なのです。

日本の少子化対策に欠けているもの

'23年6月、岸田首相が具体策や意義を語った「こども未来戦略方針」の要旨は、おもに次の3点から成ります。

（1）**若い世代の所得を増やす**
（2）**社会全体の構造・意識を変える**
（3）**すべてのこども・子育て世帯を切れ目なく支援する**

（1）の主軸は、若い世代の所得増や賃上げ、雇用の格差是正などです。後ほどご紹介しますが、未婚や出産（子作り）と「収入」「雇用形態」には明確な相関が見られることが分かっており、この部分は一定の評価を得ているようです。

ただし、（2）や（3）については、財源の確保も不明確であるほか、「あくまでも『結婚後』を主体とした対策で、根本的な少子化対策にはならないのではないか」との声も多く上がっています。

なぜなら、日本はフランスやスウェーデンなどのように「婚外子」が5割を超える国とは違い、その割合はわずか2・4％だからです（'20年ＯＥＣＤ「Family Database-Share of births outside of marriage」）。そもそも「結婚」する若者の割合が増えない限り（少なくとも現行の婚姻システムをメインに考えれば）、子どもの数はさほど増えないか、減り続けるでしょう。

社会学者で『日本の少子化対策はなぜ失敗したのか？』（光文社新書）などの著書もある、中央大学の山田昌弘教授も、「少子化対策では、結婚後より、その手前の『結婚に踏み切れない人』たちへの対処こそが重要」だと言及します。

図表1-2　夫婦の完結出生児数（結婚持続期間15～19年）

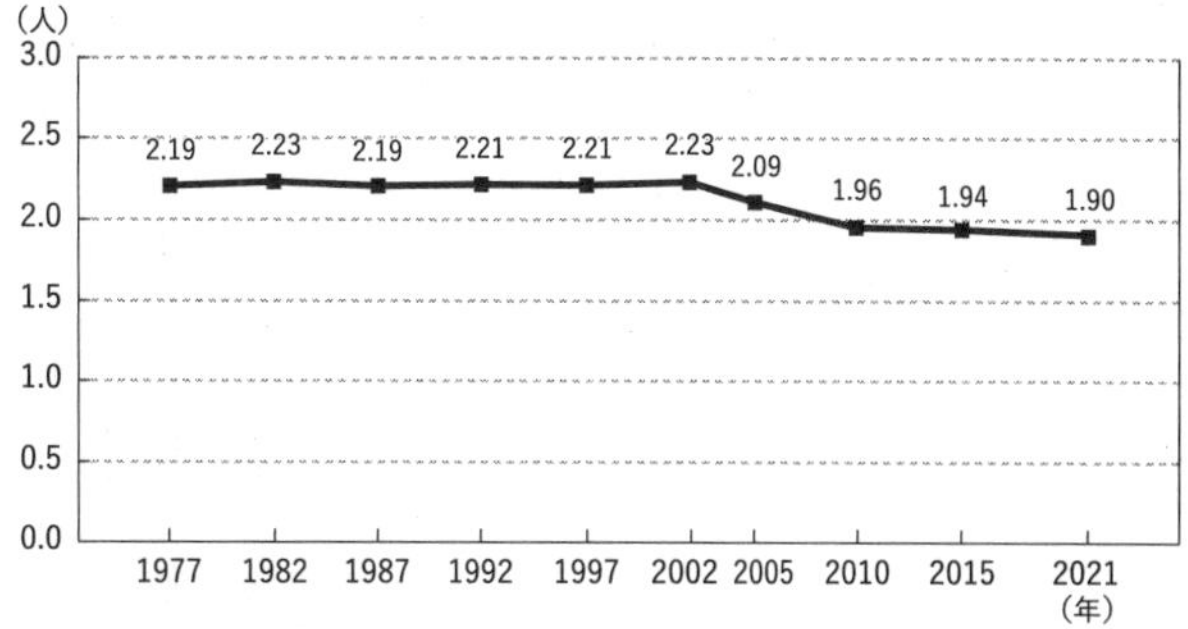

出所）2021年 国立社会保障・人口問題研究所「第16回出生動向基本調査」より

いわく、いまも結婚した夫婦は平均2人程度の子を産んでおり、結婚を望む未婚者も約8割いる。その半面、結婚を望みながらもなんらかの事情で結婚できない未婚者が大勢いて、「彼らへの支援こそが欠かせない」とのこと。私も同意見です。

まさにZ世代の声にもあった、〝結婚（出産）できる身分〟の人が少ないことが、今日の少子化の根源にあると言えるでしょう。このあと詳しく見ていきます。

「いずれ結婚するつもり」、でも……

山田教授が言う「結婚した夫婦が、平均2人程度の子を産んでいる」状況は、夫婦が最終的に産む子の人数を示す「完結出生児数」（結婚持続期間15～19年）を見れば分かります（図表1-2）（'21年 国立社会保障・人口問題研究所「第16回出生動向基本調査」）。

図表 1 - 3　生涯未婚率（45～49歳と50～54歳の未婚率の平均値）の推移

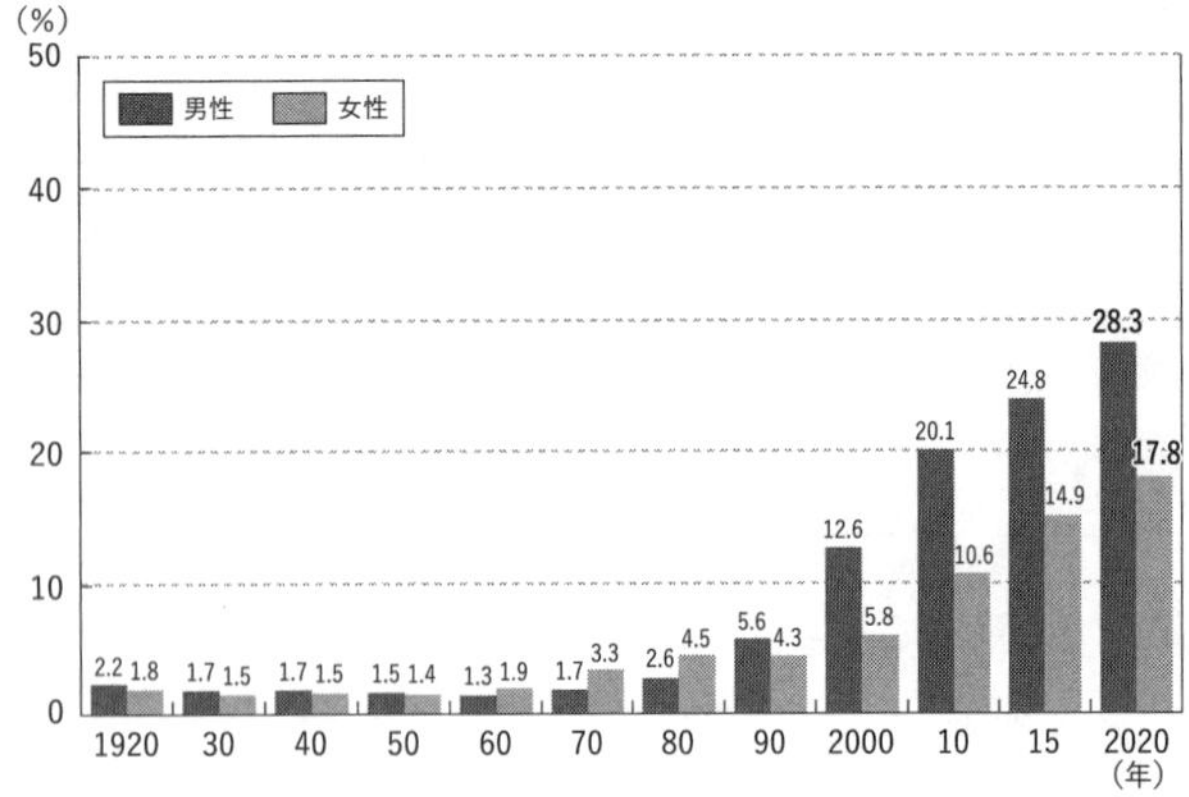

出所）2020年 総務省「国勢調査」（確定値）をもとに作成

’82年段階で、この数は「2・23人」で、その後も’02年まで「2・2人前後」をキープするなど、比較的安定して推移していました。’10年に初めて「1・9人台」へと落ち込みましたが、それでも’21年段階で「1・90人」ですから、大幅に減少したとまでは言えません。

一方で、「結婚を望む人が約8割いる」状況については、「はじめに」でもふれた通りです。先ほどと同じ調査を見ると、’21年時点で18～34歳の男女の8割以上が「いずれ結婚するつもり」と回答しており、こちらも山田教授の言葉通りです。

ところが、実際に結婚する人の割合（婚姻割合）がどれほど減少したかは、改めて言うまでもないかもしれません。最も顕著なのは、「生涯未婚率」の上昇でしょう。'90年時点でわずか4・3％と、ほぼ「皆婚」状態にあった女性の生涯未婚率は、'20年に17・8％と、30年の間に4倍にも跳ね上がり、およそ6人に1人が「一生に一度も結婚しないだろう」と言われるまでになりました。男性ではさらに多く、'20年時点で28・3％、既に4人に1人以上が生涯未婚者です（図表1‐3）（'20年　総務省「国勢調査」）。

未婚率が上昇した2つの大きな理由

ところで、いま50歳を過ぎて未婚状態にある男女、すなわち「生涯未婚者」とされる彼らの多くは、若いころから「結婚したくない」と考えていたのでしょうか。

おそらくそうでないだろうことは、データを見れば分かります。いまから40余年前の'82年時点で、「いずれ結婚するつもり」と答えた若年未婚者（18〜34歳）は、なんと95％前後（男性95・9％／女性94・2％）にものぼっていました（図表0‐3、12ページ）。'80年の「生涯未婚率」の圧倒的な低さ（女性4・5％／男性2・6％）から見ても、昭和の若者は「結婚したい」というより、「結婚するのが当然」だと考えていたのでしょう（「第16回出生動向基本調査」／国立社会保障・人口問題研究所「人口統計資料集2022」）。

図表1-4　25〜34歳男女・未婚率の推移

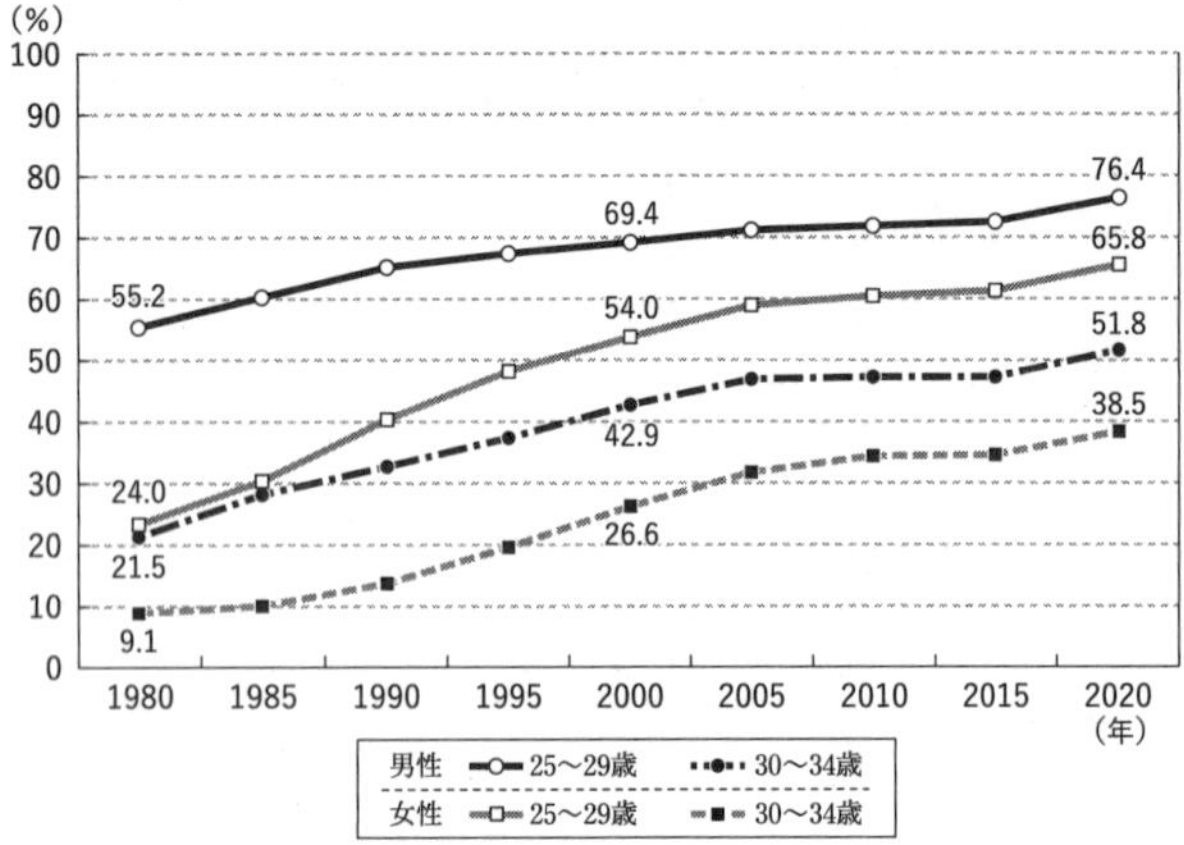

出所）2022年 内閣府「少子化社会対策白書」より
注：2020年のみ、総務省「国勢調査」（確定値）より

その後、結婚を希望する若者の割合は減少に向かいましたが、それでも先述した通り、いまだに18〜34歳男女の8割以上が「いずれ結婚するつもり」としています。40年の間に、若者の結婚意向はさほど減らなかったのです。

ところが現実はといえば、'80年代半ばごろから、適齢期（25〜34歳）男女の「未婚率」上昇が顕著になりました。具体的には、'80年から'00年までの20年間で、女性の未婚率が、25〜29歳で2倍以上（24・0%→54・0%）に、30〜34歳では3倍近く（9・1%→26・6%）に達するようになったのです。

男性はそこまで極端ではありませんが、

それでも'80年と'00年時点の未婚率を比較すると、25～29歳で約1・25倍（55・2％↓69・4％）、30～34歳では約2倍（21・5％↓42・9％）に増えています。こちらも'85年以降、'00年までの伸びがとくに顕著な様子が見てとれます（図表1‐4）（'22年 内閣府「少子化社会対策白書」ほか）。「いずれ結婚したい」とする男女がさほど減らない一方で、なぜこれほど未婚率が上昇したのでしょうか。

社会学的によく言われる理由は2つ、すなわち（1）**バブル崩壊と経済不況**（2）**女性の社会進出**、です。このあと順に見ていきましょう。

恋愛は個人競技

ただ、実はもう一つ、（3）**見合い結婚と恋愛結婚の逆転**、を挙げる識者もいます。

独身研究家でコラムニストの荒川和久氏もその一人です。彼は「東洋経済オンライン」（東洋経済新報社）において、「'20年時点の生涯未婚率（男性）のグラフを20年前にずらしてみると、『見合い結婚』比率の減少カーブと、鮮明な相関関係にあることが分かる」としました。見合い結婚の割合が減少（恋愛結婚が増加）した分、生涯未婚率も上昇したと考えられる、というのです（同 '23年2月15日掲載）。

図表1-5　恋愛結婚・見合い結婚の構成割合（推移）

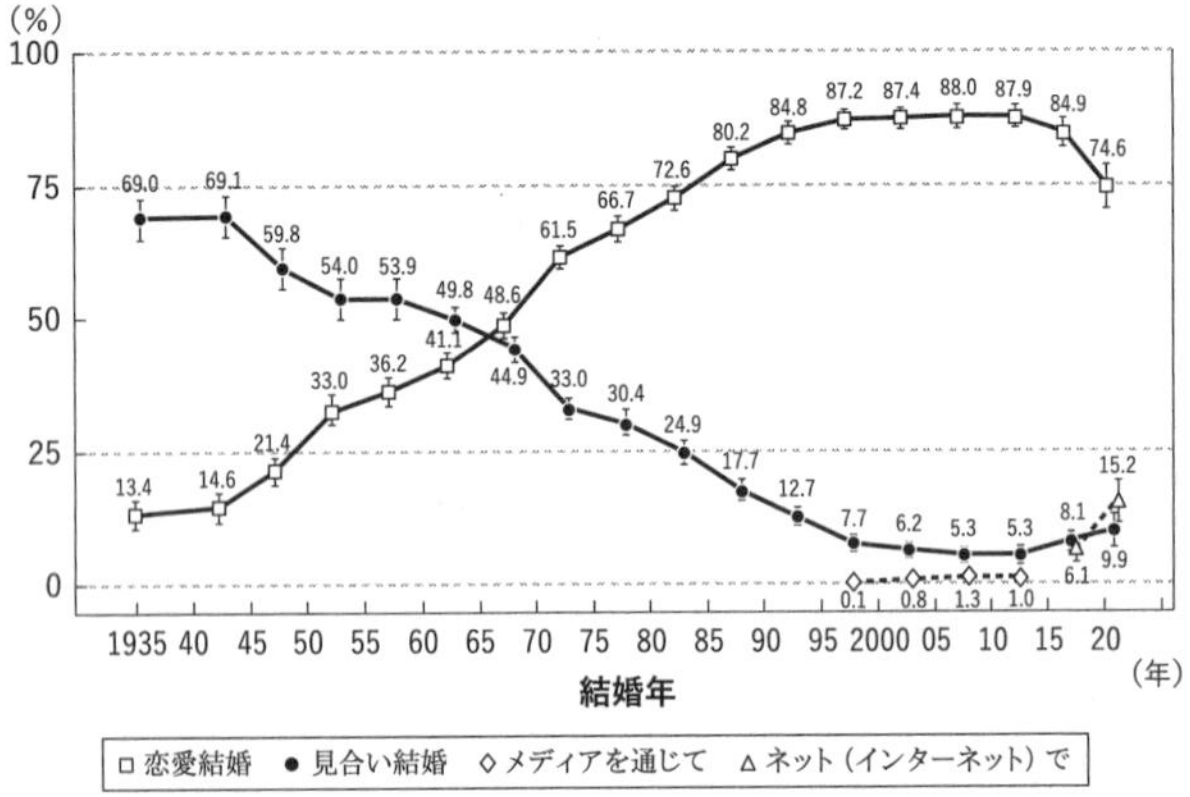

出所）2021年 国立社会保障・人口問題研究所「第16回出生動向基本調査」より

すなわち、かつての「見合い」は会社の上司や親戚、あるいは近所の世話焼き人など、仲介者と力を合わせて相手を攻略する〝チームプレー〟だった、でもそれが「恋愛」という〝個人競技〟に移行した分、結婚が減ってしまった、と見ることもできるでしょう。

日本では’60年代半ば〜後半にかけて、それまで多数派だった見合い結婚を「恋愛結婚」が逆転しました（図表1‐5）。理由は後述しますが、その後も恋愛結婚の割合はしばらく上昇し続け、いまや結婚カップルの8割から9割を、恋愛結婚が占めています。

正確にいえば近年、マッチングアプリをはじめとしたインターネットによる婚活サービスの伸長によって、そのものズバリの恋愛結婚は約75%にまで減りましたが、それでも、依然として「見合い」は1割弱（9・9%）、残る「ネットで（出会って結婚）」の約15%も、結局は多くが「ネットで出会う→デート（交際）→恋愛→結婚（を検討）」といったステップを踏んでいるはずです。よって、いまも恋愛を前提とした結婚が8〜9割にのぼると考えられます（「第16回出生動向基本調査」）。

恋愛という個人競技は、自由度が高い分、放任（ほったらかし）と表裏一体です。’70年代以降の若者は「自分自身が好きな相手と結婚できる」との自由を手にした半面、「自力で恋愛して、結婚相手を見つけなければいけない」との現実にも直面しました。

こうなると、異性にみずからの魅力をアピールするのが苦手な男女、あるいは「年収」や「学歴」「見た目」「雇用形態」などで一定水準をクリアしていない（と自身が考える）男女は、明らかに苦難を強いられます。

つまり、「いずれ結婚したい」と考えながらも、現実には異性への〝モテ〟に左右される「恋愛」という通過儀礼を経なければ結婚できない、だからこそ、’60年代半ば以降、周囲が強力にお膳立てしてくれる見合い割合が減った分、（約20年後の）’80年代半ば以降に、適齢期の未婚割合が上昇し始めたのではないか、とも考えられるのです。

もともと日本人の多くは、「恋愛結婚」に向かないタイプだったのかもしれません。

恋人は欲しくないけど、望むのは恋愛結婚

'14年の内閣府の調査では、「恋愛しない」若者の実態が明らかになりました。「はじめに」で述べたように、20～30代未婚で、かつ同時点で恋人がいない男女（約6割）のうち約4割（37・6％）が「恋人が欲しくない」と答え、その最大の理由は「恋愛が面倒（だから）」（46・2％）でした（同「結婚・家族形成に関する意識調査」）。

令和のいまも、恋愛に消極的な若者が目立ちます。同じく内閣府の白書（'22年）を見ると、20～30代独身女性の約4人に1人（24・1％）、同男性の4割弱（37・6％）が、いま恋人がいないどころか、過去にも「交際経験ナシ（恋人0人）」の状態です（図表1－6）（同「男女共同参画白書」）。半面、同年の時点で8割以上は、いまも「いずれ結婚するつもり」だと考えています。

つまり、若者たちは少なからず「恋人は要らない」「恋愛は面倒」だと考えながら、彼らの8割以上が望む「結婚」の大半は、いまも「恋愛結婚」だという現実があるのです。たとえるなら、「受験勉強や入試は、面倒だからしたく（受けたく）ない」、でも「○○大学には入学したい」と言っているようなものです。明らかに矛盾しています。

図表１-６　これまでの恋人の人数

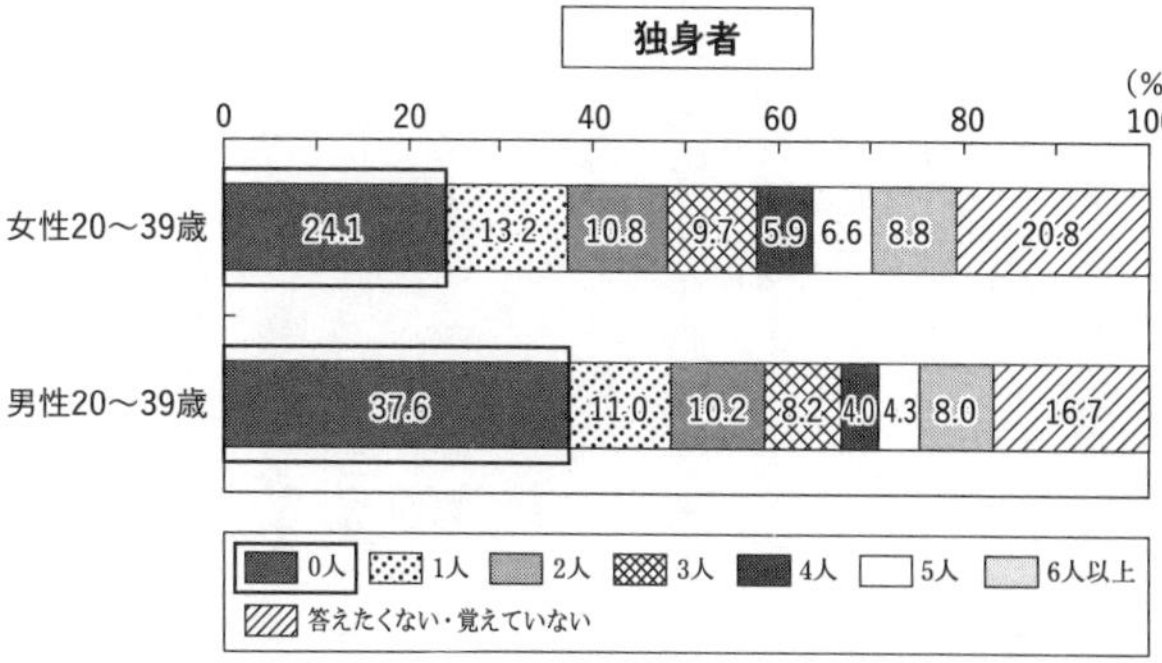

出所）2022年 内閣府「男女共同参画白書」より

そんななかで、国や社会が、彼らに対し「重い腰をあげて恋愛せよ」と責め立てても意味がないと考えるのは、私だけでしょうか。

一方、「恋愛に熱心でないなら、いっそ教育現場で教えよう」とする識者もいます。

成蹊大学文学部の小林盾教授も、その一人です。彼は'22年、内閣府の研究会[*1]において「現代の恋愛チャンスには、格差がある」とし、その是正に向けて、教育内容に「壁ドン」などを組み込むことを提案しました。

壁ドンとは、男性が壁を背にした女性の前に立ちはだかり、壁にドンと手をかけて顔を近づけることです。少女漫画などで「胸キュン」の代表的な恋愛シーンとして描かれますが、早稲田大学国際教養学部の森川友義《とものり》教授は、小林教授の提案に

「(壁ドン教育は)人によってはセクハラ(になる)」とコメントしました('22年「ＡＢＥＭＡヒルズ」ＡｂｅｍａＴＶ、10月20日放映)。

小林教授の思いも理解できますが、森川教授が言う通りでしょう。恋愛の原理だけならともかく、ハウツーまでとなれば、恋愛に興味がある学生にしか教えられません。それを強制的に広く行なえば、ハラスメントに繋がりかねず、恋愛の実践方法を教育現場で教えることには無理があるのです。

「結婚と恋愛を切り離す」3つの理由

① 考え方次第で解決できるから

それでも若者たちの8割以上は、まだ結婚への意欲を捨てていません。そこで私は、あえて「結婚と恋愛の切り離し」を提案することにしました。令和のいま、スピード感も重視してこの提案を行なう理由は、おもに3つあります。

1つ目は、結婚における「結婚したい」「でも恋愛が面倒」は、先ほど挙げた「○○大学に入りたい」「でも入試や勉強が面倒」より、はるかに解決しやすい課題だからです。

仮に入試(勉強)が面倒な場合は、入学したい○○大学で「推薦など別のシステムによる入学を許可しているか否か」を調べあげ、入試以外の手段がなければ即アウトでしょう。ところが「恋愛結婚」は、システム（制度）ではなく、単なる〝概念〟です。本人が「恋愛」という通過儀礼にこだわらず、「恋愛以外の要素（感情や決定基準）を、結婚に発展させることはできないか」などと考え、それを実行すればいい、つまり本人の考え方次第で、今日からでも解決できる問題なのです。

②「結婚＝恋愛結婚」ではないから

２つ目の理由は、「恋愛結婚」のベースにある「ロマンティック・ラブ・イデオロギー（ロマンティック・ラブ）」、すなわち「恋愛・結婚・出産」を三位一体だとする概念が根付いてから、日本ではまだ半世紀程度の歴史しかないからです。

詳細は次章に送りますが、今日私たちの多くが〝常識〟だと考えて疑わない「恋愛結婚」も、60～70年前の日本では、大いなる〝非常識〟でした。それなのに令和のいま、いつまでも当たり前のように「結婚＝恋愛結婚」だと考え、無理にでも「恋愛しなければ」と焦る若者たちを見ると、お節介ながら「無理しなくていいよ」と言いたくなります。

恋愛のリスクが顕在化し、恋愛以外の「もっと楽しいこと」（選択肢）が増えれば、あえて面倒な恋愛を選ぼうとしないのも当然でしょう。そのうえ、恋愛結婚のベースにある「ロマンティック・ラブ」の概念は、既に’90年代初旬から、機能不全に陥っていたとも見られています。

それなのに、令和のいまも「恋愛しなければ結婚できない」とする昭和の価値観を若者に強いるのは、あまりにも酷なのではないでしょうか。

③「早婚願望」が高まっているから

3つ目の理由は、この10年の間に、ゆとり世代（筆者定義。’88～’94年生まれ／現29～35歳）やZ世代の未婚女性の間で「早婚願望」が顕著に高まっており、彼女たちの一部が「恋愛と結婚は別」などと口にし始めたからです。

マスメディアも’16年ごろから、交際を経ずに結婚する「交際0（ゼロ）日婚」や「スピード婚」の特集を組むなど、若者の早婚願望を報道するようになりました。同年11月24日放映の『クローズアップ現代＋』（NHK総合）では、恋愛プロセスを飛ばして結婚を目指す若者を「いきなり結婚族」と紹介し、大いに反響を呼んだほどです。

若者の早婚願望は、複数の調査結果からも分かります。三菱総合研究所が20代の未婚男女

図表1-7　「30歳までに結婚したい」とする人の割合

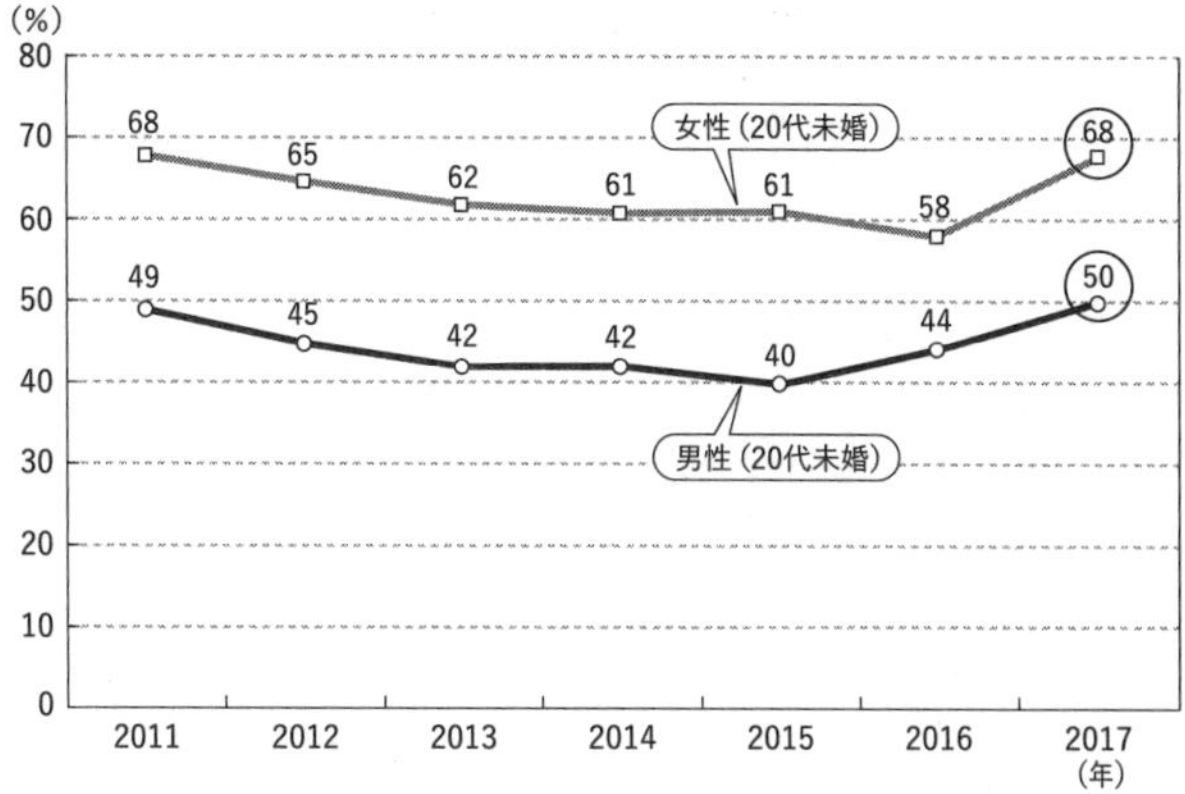

出所）2011〜2017年 三菱総合研究所「生活者市場予測システム（mif）」より

に「30歳までに結婚したいか」を聞いた調査で、「YES」と答えた男女の割合が、男性では’16年に、女性では’17年に、いずれも上昇に転じました。’17年における同回答は、男性で約5割（50%）、女性で約7割（68%）で、女性のほうが約2割多い様子も見てとれます（図表1-7）（’11〜’17年 同「生活者市場予測システム（mif）」）。

　また、ある情報サイトが大学生（含・短大生）に行なった調査では、「25歳前後で結婚すること（早婚）」に「メリットを感じる」と答えた男女が、全体のほぼ半数（49・8%）にのぼりました（’18年 ウエディングパーク「『若者の恋愛結婚観』に関する実態調査」）。

国立青少年教育振興機構の調査結果でも、20

〜30代の未婚者、とくに女性で「早く結婚したい」と答えた割合が4人に1人を超え（25・5%）、男性（12・1%）の2倍以上に及んでいます（'16年 同「若者の結婚観・子育て観等に関する調査」）。

こうした傾向には、'11年以降、大学など教育現場でも強化されるようになった「キャリア教育」や、近年高まりを見せる「妊活（妊娠に向けた活動）」ブームが、少なからず影響しているでしょう。とくに妊娠については、「不妊治療」を受ける先輩や上司を目にするなどし、「35歳までに一人目（の子）を産まないと」などと焦る気持ちが高まり、「結婚も早いほうがいい」と（出産を）逆算して考える女性が、明らかに増えた印象です。

なにしろ、昨今は「36歳未満と36歳以上の女性を比べた場合、同じ20個の卵子があっても、赤ちゃんの誕生に結びつく確率が顕著に減少する（約70%→約50%）とみられる」[*2]といった残酷な統計確率まで示されるようになりました。出産の「期限」が〝見える化〟されたことで、「タイムリミットが近づくのが怖い」と焦る女性も、決して少なくないのです。

もっとも、同じ統計を見れば、年齢が上がるにつれて妊娠しにくくなる原因は、男性にもあることが分かります（第5章で詳しく述べます）。ですが、正確なエビデンスを知る男性は、女性よりはるかに少ないでしょう。だからこそ、早婚願望は女性を中心に目立っており、

「ぐずぐず恋愛なんかしていられない」「恋愛と結婚は別」と割り切る女性の声が少しずつ聞こえるようになってきているのです。

たとえば20代女性が洩らす、次のような声です。

「結婚で大事なのは、生活を続けられる『サステナビリティ（持続可能性）』でしょう。恋愛みたいな一過性の楽しみは、学生時代に済ませたから、必要ないんです」（24歳女性）

「オシャレなレストランに詳しい男性は、結婚後に浮気するし、冷蔵庫の余りもので子どものご飯を作る能力もない。〝恋愛力〟なんて（結婚に）邪魔なだけ」（26歳女性）

さらに最近は、10代の女子高生までもが「結婚は生活だから、見た目がカワイイとかじゃなく、私の内面をキチンと評価してくれないと」などと言います。

都内の進学高校に通うユミさん（16）もその一人です。「私は一生働き続けたいタイプ」だといい、「結婚したら私も、稼いだお金を半分、家計に入れる」とのこと。その代わり、未来のパートナーには家事や育児をシェアして欲しい、結婚後は家族でレジャーも楽しみたいから、「土日が休日でない男性は、恋愛止まりだと決めている」といいます。

さすがに〝出産年齢〟を意識しない男性は、そこまで割り切れていない印象です。

それでも、博報堂生活総合研究所の調査で「恋愛と結婚は別なものだと思う」と考える人

図表1‐8　「恋愛と結婚は別なものだと思う」の回答割合

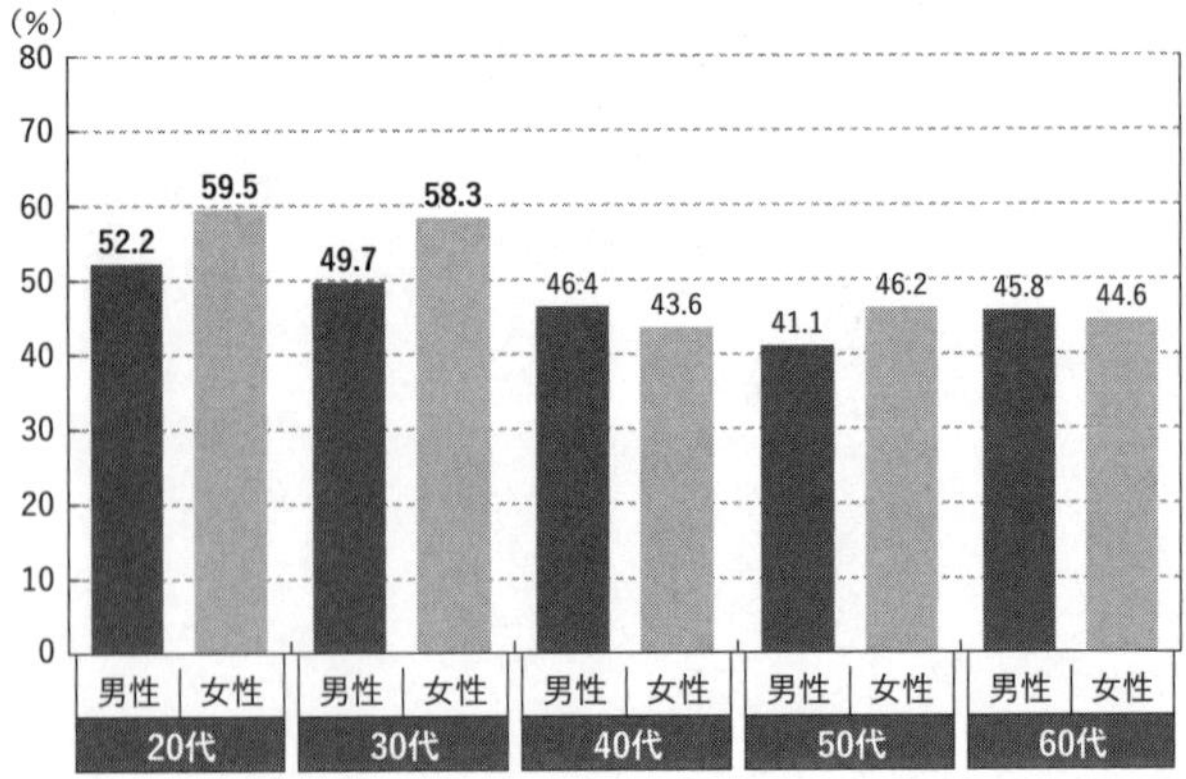

出所）2022年 博報堂生活総合研究所「生活定点」調査をもとに作成

の割合を見ると、「ＹＥＳ」と考える男性が最も多いのは20代（52・2％）で、最も少ない50代（41・1％）を1割以上、上回りました。20代女性ではさらに多く（59・5％）、最も少ない40代（43・6％）を約16％上回っています（図表1‐8）（'22年 同「生活定点」）。

危険な兆候

ちなみに「生活定点」の調査対象（約３０００人）は、未婚者に限らないため、40代やその上の年代では、若い20代より既婚割合が高いはずです。

結婚後、恋愛感情がすっかり冷めた夫婦が、「理想と現実は違う」と痛感し、「恋愛と結婚は別」と答える気持ちは重々理解できます

（苦笑）。これに対し、未婚が多いと思われる20代の男女が、「（結婚前から）恋愛と結婚は別」と割り切るのは、まったく別の意味があるように思えます。

おそらく彼らの一部は、若いうちから「結婚は生活だ」「恋愛とは別だ」と気づいているのです。「結婚相手に求める条件」でも、いまや女性に「経済力」を望む（「重視＋考慮する」）男性が５割弱（48・２％）、これは、'15年より６・３％、'10年より９・５％も増えています（「第16回出生動向基本調査」）（図表１-９、次ページ）。また、男性に「家事・育児の能力や姿勢」を望む女性（同）は、およそ97％（96・５％）にも及ぶのです。

後述しますが、恋愛シーンにおいては、いまも若者の多くが、男性に「男らしさ」を、女性に「女らしさ」を求めます。それなのに、結婚をイメージする場面では真逆で、男性は未来の妻に「経済力」を、女性は未来の夫に「家事・育児力」を求めていることになります。

つまり、恋愛と結婚のニーズは１８０度違うと言ってもよく、これだけを見ても「恋愛→結婚」の流れに歪みが生じているのが分かります。若者たちは（無意識かもしれませんが）、その矛盾に気づき始めたからこそ、「恋愛と結婚は別」だと言うのでしょう。

もはや、この状況を放置し続けるだけの、時間的猶予はありません。

図表1-9　未婚者（18〜34歳）が「結婚相手の条件」として重視・考慮する割合

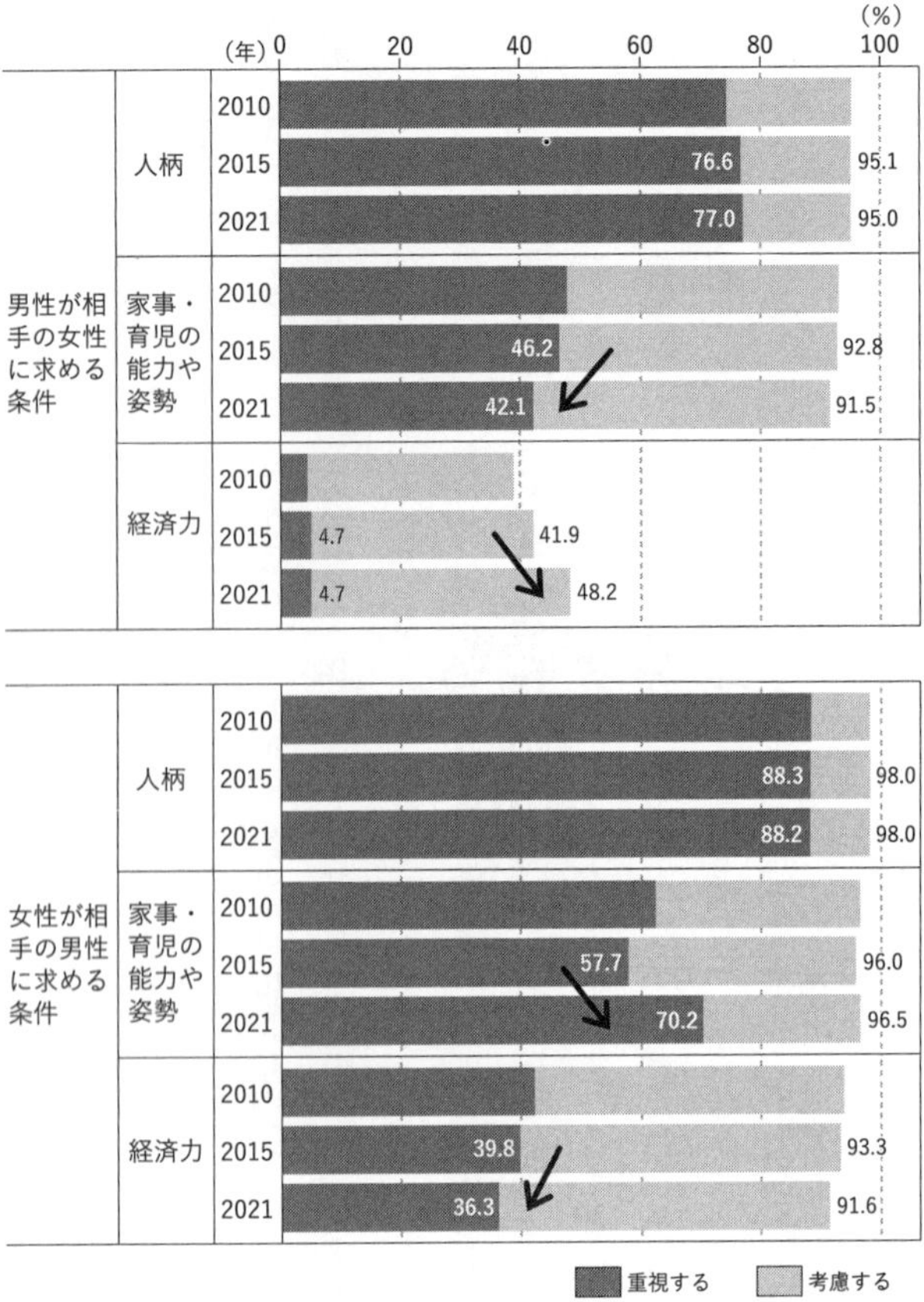

出所）2021年 国立社会保障・人口問題研究所「第16回出生動向基本調査」をもとに作成
注：対象は「いずれ結婚するつもり」と回答した18〜34歳の未婚者

図表1-10　未婚者の「一生結婚するつもりはない」の回答割合

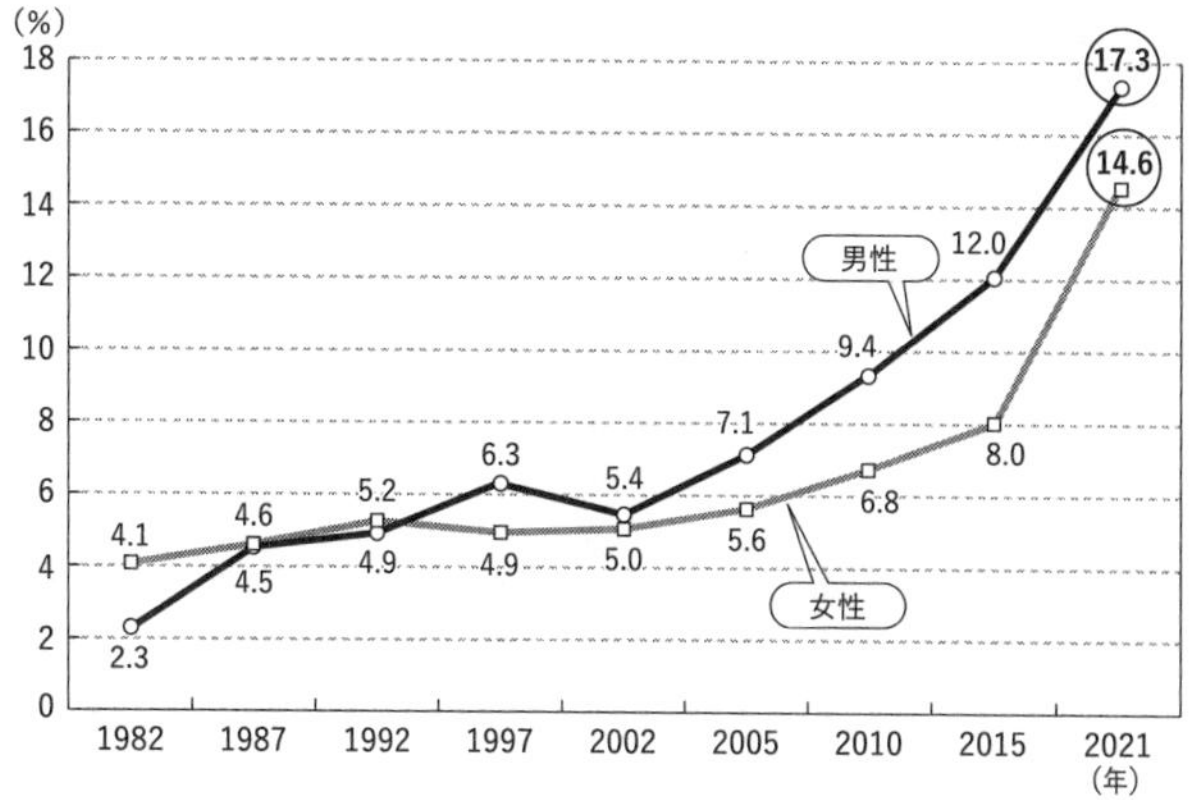

出所）2021年 国立社会保障・人口問題研究所「第16回出生動向基本調査」をもとに作成

なぜなら「恋愛は面倒」だとする彼らの多くが、恋愛のみならず結婚までも「面倒」だと感じ始めているからです。多くは語りませんが、'10年までは未婚の男女（18～34歳）で、1割に満たなかった「一生結婚するつもりはない」の回答が、'21年には男性で17・3%、女性で14・6%にまで増え（図表1-10）、逆に「いずれ結婚するつもり」の回答が、男女とも6年前（'15年）より、5%前後減ってしまいました（「第16回出生動向基本調査」）。

ここまで顕著な減少は、過去に例がありません。まさに今後数年で、少子化どころか「未婚化」にも再び拍車がかかる危険性を孕んでいるのです。

1・2 「結婚しない（できない）」の正体

生涯未婚率の上昇はいつから？

では、どうすれば「結婚しない」若者の増加を止められるのでしょうか。

それを知るために、ここからは逆説的に、なぜ、そしていつから、若い世代が結婚しなくなり、一部が「結婚するつもりはない」と考えるようになったのかを見ていきます。

既述の通り、日本で「生涯未婚率」の上昇が顕著になったのは2000年代以降ですが、適齢期（25～34歳）の「未婚率」が男性で5割超（52・5％）、女性で3割超（34・0％）にまで急伸したのは、'95年のことでした（「国勢調査」）。

1990年代半ば以降、なぜ「結婚しない（できない）」若者が増えたのでしょうか。

社会学上、よく言われる要因は、先に挙げた2つ、すなわち（1）**バブル崩壊と経済不況**（2）**女性の社会進出**、です。私は、大手企業各社と二十余年にわたり「世代」の研究を続けてきたので、まずはカギを握る世代を軸に見ていきましょう。
（1）において、最大のカギを握るのは「団塊ジュニア世代（'71～'76年生まれ／現47～52歳）」、別名「貧乏クジ世代」だと考えられます。
彼らは、終戦（第2次世界大戦の終結）直後に生まれた「団塊世代（’46〜’51年生まれ／現72〜77歳）」の子世代で、日本で2番目に人口が多い世代です。ゆえに、常に競争の荒波にもまれ、そのうえ不況で貧乏クジを引かされた、とされています。
多くは’89〜’94年にかけて、厳しい受験戦争（大学）を強いられました。また、’91年3月にはバブル経済がはじけ、大半が’93〜’05年ごろまで続いた「就職氷河期」にも当たってしまいました。キャリア未来地図研究所の共同所長、千葉智之氏は「内閣府のレポートなどを見ると、当時の新卒生の2〜4割が『就職難民』になったと考えられる」といいます。[*3]
就職後も、金融や生命保険業界を皮切りに「人員削減（いわゆるリストラ）」が相次ぎ、未婚男性たちは「目の前が真っ暗になった」や「妻子を養う自信がない」などと口にし始めました。とくに、’97年の山一證券と’98年の長銀（日本長期信用銀行）の経営破綻については、相当ショックが大きかったようです。

バブル崩壊と男女の異なる姿

「あんなに大きな会社が潰れるなんて」「もう結婚どころじゃない」

そんな声が相次いだのは、'06年、拙著『独身王子に聞け!』(日本経済新聞出版)の取材中でした。私は弊社の女性スタッフと、団塊ジュニアを含む30~40代男性約60人にインタビューしたのですが、彼らの多くはバブル崩壊によって「傷ついた戦士」となっており、私たちも(1)**バブル崩壊と経済不況**と、未婚率上昇との関係性を痛感したのです。

一方で、その2年前、拙著『男が知らない「おひとりさま」マーケット』(同)の取材で、同年代の働く女性たちに取材した際は、まったく違いました。

彼女たちは'90年代後半の「均等法(男女雇用機会均等法)改正」によって、「これでようやく男性と肩を並べて働ける」「これからは、会社で(「早く辞めたら?」など)肩叩きに遭わずに済む」など、多くが意気揚々と前を向き、不況の最中でもまだ希望を抱いていたのです。

ですがそのことが、結果的に「結婚の先送り」に繋がった、とも考えられています。まさに、先の(2)**女性の社会進出**と、未婚率上昇の関係性です。

(2)については、'90年代半ば~後半に起こった出来事、すなわち①**女性の高学歴化** ②**共働き家庭と専業主婦家庭の逆転** ③**男女雇用機会均等法(均等法)の改正**が、よく例に挙がります。②は「結婚後」の事柄なので、ここでは①と③を見てみましょう。

まず①**高学歴化**は'90年代半ば、女性の間で、短期大学の進学率を4年制大学の進学率が初めて上回ったことを指します（’21年 内閣府「男女共同参画白書」）。どちらかといえば、未婚化より「晩婚化」と相関が強いとされる事象です。

一方、これとほぼ同時期に、③**均等法改正**が成されました。施行自体は’86年でしたが、企業に対し「女性を採用段階や採用後に、男性と差別（区別）して扱ってはならない」とする内容は、施行段階ではまだ「努力義務」であり、’90年代後半に初めて「禁止事項」となったのです。その後、’00年代に入り、セクハラやパワハラの禁止などコンプライアンスに厳しい社会に変化したことや、人手不足により女性が貴重な労働力として見直されたことなどもあり、職場も少しずつ、真の〝男女平等〟へと向かい始めました。

一般に「均等法第一世代」と呼ばれるのが、私たち「真性バブル世代（’65～’70年生まれ／現53～58歳）」で、その１つ下の世代が団塊ジュニアです。

不況時に入社した団塊ジュニアは、真性バブル世代ほど仕事に夢を抱いておらず、いわゆる「バリキャリ（バリバリ働くキャリア女性の意）」志向も弱い印象です。それでも、「女性も経済力を身につければ、無理に結婚しなくてもいいんだ」という新たな時代の幕開けや、その喜びは、私たち真性バブル世代の女性同様、少なからず感じていたことでしょう。

図表1-11　若年男女・非正規雇用割合（推移）

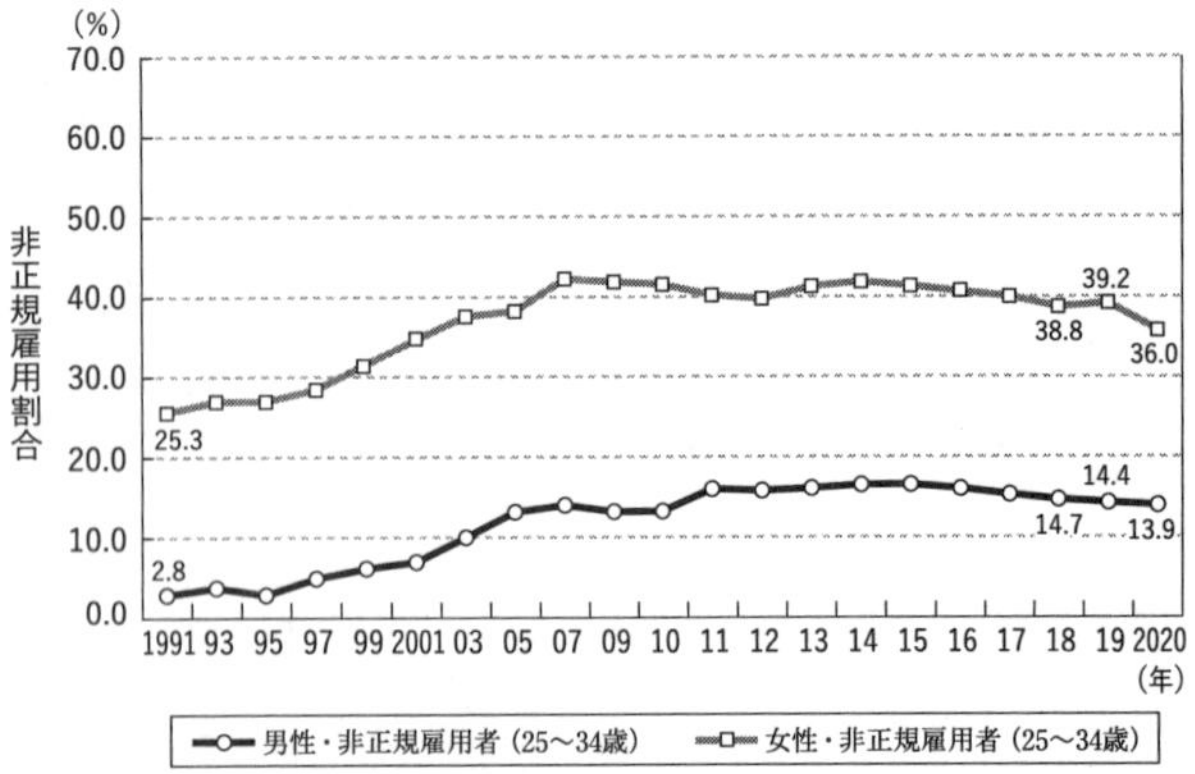

出所）2022年 内閣府「少子化社会対策白書」より

非正規の増加と「年収３００万円の壁」

日本における、（１）**バブル崩壊と経済不況**は、雇用や所得の「格差」を生んだとされます。とくに'99年に労働者派遣法が改正されたことで、'00年代以降は男性でも「非正規（雇用）」が急増しました。'03年には、適齢期（25～34歳）男性の非正規割合が約１割に達し、その後は近年（'20年）まで、例年15％前後で推移しています（図表１‐11）。

これら「正規」「非正規」の区分が、所得格差を増大させたことも明らかでしょう。

厚労省の調査を基に、女性も含めた「所得格差」の推移を見ると、格差を示す指標「ジニ係数（当初所得）」は、'80年代初頭の０・３５が、'90年代後半に０・４４まで上昇し、非正規雇用が一般化した'02年以降、０・５０～０・５７の間で推移しています（同「所得再分配調査」）。

具体的な月収額の違いも、月収分布を加味した（月収の「真ん中」を示す）「中央値」を見ると明らかです。'22年時点で、正規が約31万円、非正規が約21万円と、両者の間には月約10万円の開きが生じています（同 厚生労働省「賃金構造基本統計調査」）。単純計算で、その差は年間約１２０万円。後者にはいわゆる「１３０万円の壁（社会保険において配偶者扶養に入れるか否かの境目）」を超えないように働く主婦層も含まれますが、その分を差し引いても、決して無視できない開き幅でしょう。

こうしたなか、男性では非正規や低所得の人ほど「結婚しない（できない）」とされるのは、多くの皆さんがご存じの通りです。詳しくは第5章に送りますが、男性の婚活市場には、いまも「年収３００万円の壁」が厳然と横たわっており、適齢期の直後、35～39歳の男性では、年収３００万未満と年収３００～４９９万円の比較で、既婚率が2倍近く（35・3％／65・2％）も違うのです（'22年 内閣府「結婚と家族をめぐる基礎データ」）。

また、同年齢男性の「正規・非正規」の比較でも、正規で未婚率が約2割に留まるのに対し、非正規では約7割と、5割近く開きがあります（'19年「賃金構造基本統計調査」ほか）。

強まる男性への要求

さらに、これも後述しますが、男性の雇用や年収は「恋愛経験」や「恋愛（結婚）意欲」とも深く結びついており、取材しても、非正規や年収２００～３００万円台の男性（おもに20～30代）は、「僕は恋愛できる身分じゃない」や「『そっち（恋愛できる）側』の人間じゃないんで」など、みずからを卑下する傾向が見られます。

ある民間の調査でも、結婚願望が「ない」と回答した未婚男性（20～40代前半）は、やはり年収が下がるほど多く、年収５００～６９９万円でおよそ７人に１人（14・３％）、年収１００～２９９万円では３人に１人以上（36・６％）と、一定の開きがみてとれるのです（'21年　ネクストレベル調べ／年収７００万円未満の場合）。

そんな様子を見て、「なんだか弱々しい」「頼りない」などと受け取ってしまう女性たちを、端から全否定することはできません。

ただ一方で、別の民間の調査において、女性（18歳以上）が男性に望む「最低年収」をみると、いまだに８割近くが「４００万円以上」と答えています（図表１‐12）（'21年　リンクバル「未婚男女の婚活・結婚意識調査」）。おそらく彼女たちは、それを高望みとは考えていない

図表1-12　未婚男女（18歳以上）が結婚相手に求める最低年収

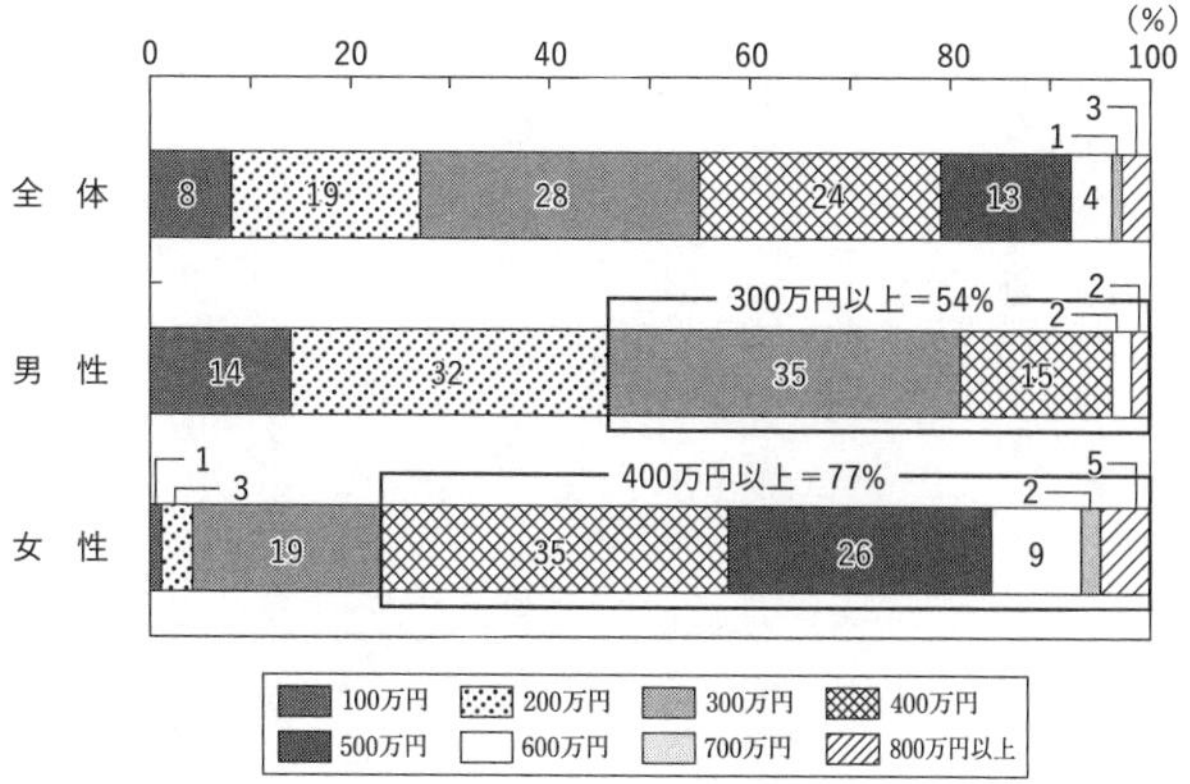

出所）2021年 リンクバル「未婚男女の婚活・結婚意識調査」より

のですが、たとえば35〜39歳男性で「年収400万円」は、正規男性に限っても「最低」どころか平均より約50万円も多く、しかも同水準の未婚男性は3割程度です。多くは、30代前半までに結婚してしまっているのです（'19年「賃金構造基本統計調査」）。

本節の前半でお伝えした通り、そもそも近年、結婚しない男女が増えた一因は、先の（2）**女性の社会進出**にもあります。正社員の20〜29歳で、男女の年収における「中央値」を比べても、男性では「250〜400万円」、女性で「240〜350万円」と、20代では劇的な差はありません（'22年パーソルキャリア「正社員の年収中央値」）。20代は年収だけを見れば、着実に〃男女平等〃の時代に近づいてはいるのです。

近年は、女性における「正規」割合自体も増えています。適齢期（25〜34歳）女性の非正規割合は、ピーク時（’07年）には4割強にのぼりましたが、近年は3割強と減少傾向で、正規比率の増加が顕著です。（総務省「労働力調査（詳細統計）」ほか）。

それなのに、いまも女性の8割近くは「年収400万円以上」を結婚相手の最低条件だとするなど、91・6%[*4]が男性に「経済力」を求めます。そのうえ同じ調査では、96・5%が「家事・育児の能力や姿勢（家事・育児協力）」を男性に望み、さらに（恋愛時ほどではないにせよ）81・3%の女性が、「容姿（見た目力）」まで求めるようになりました。

まるで、結婚相手に「3高（高学歴、高収入、高身長）」を求めていた、能天気な私たちバブル女性の青春時代（’80年代後半〜’90年代前半）に逆戻りしたかのようです。いえそれどころか、新たに家事・育児力を求める分、男性への要求をさらに強めたとも言えるでしょう。

変わらない「上昇婚志向」

女性の社会進出が進んだ’90年代後半〜’10年ぐらいまで、「高年収の女性は、男性が敬遠するので結婚しづらい」といった噂も囁かれていました。

図表１-13　性・年齢・年収別にみた１年以内の結婚確率

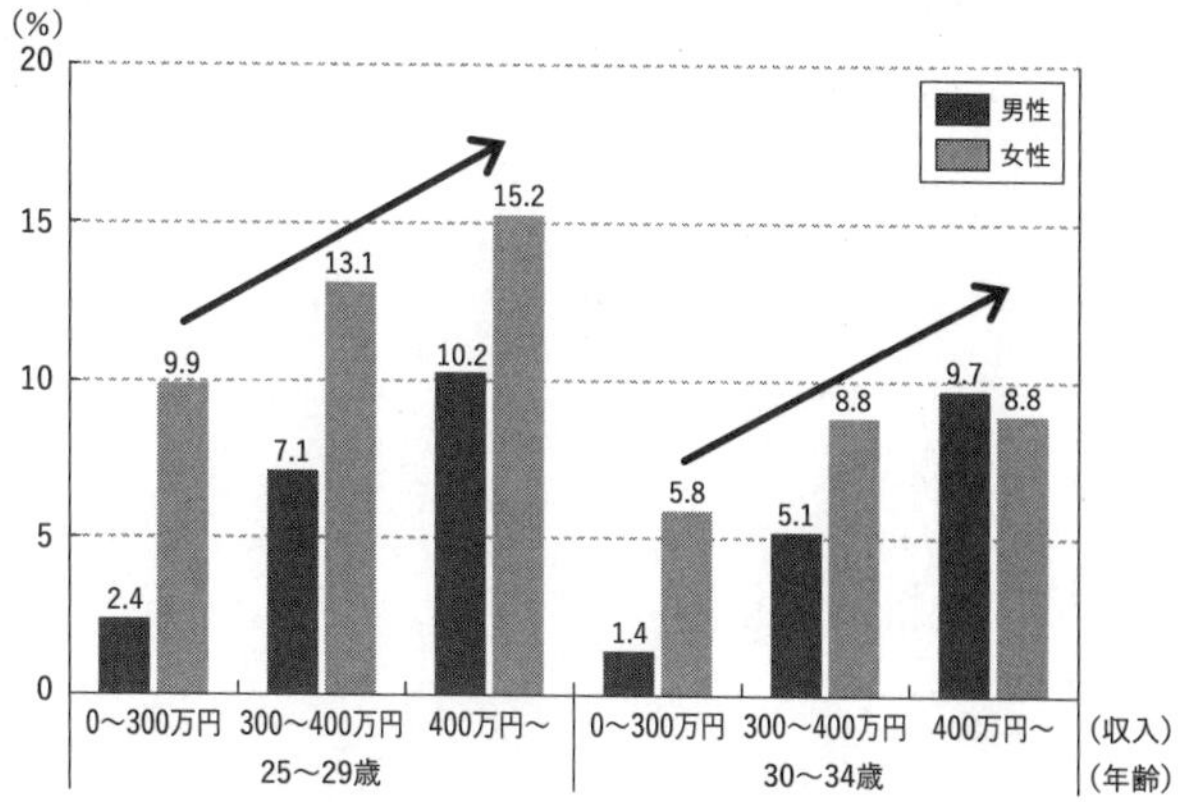

出所）2018年 リクルートワークス研究所「全国就業実態パネル調査」をもとに作成

ですが、アナリストでリクルートワークス研究所研究員の坂本貴志氏によれば、「キャリア女性、すなわち年収が高い女性が結婚できないというのは、少なくとも現代においては風説に過ぎない」とのこと（'18年 同「リクルートワークス研究所サイト―少子化はキャリア女性のせい?」5月23日掲載）。

たとえば、女性で年収５００万円以上の層は、圧倒的に「未婚」に多いのですが、おそらくその最大の理由は「高年収女性が結婚できない」からではなく、「結婚（出産）した女性が、少なからず（非正規に雇用転換するなどして）年収５００万円未満の働き方を選択するからではないか」と想像できます（'22年 内閣府「人生１００年時代の結婚と家族に関する研究会」)。

また、リクルートワークス研究所が、未婚男女の年齢・年収別に「向こう1年間で結婚に至る確率」を計算した数値も、先の〝風説〟を否定します。年収が上がるにつれて結婚確率も上がる「高収入プレミアム」は、男性ほどではないものの、女性においても明らかで、年収増につれて結婚確率もほぼ上昇するのです(図表1‐13、前ページ)。

おそらく背後には、キャリア女性ほど異性との出会いのチャンスが多い、あるいは男性側が結婚後のことも考えて「収入の高い女性」を進んで選んでいる可能性もあるでしょう。先の「第16回出生動向基本調査」を見ても、男性が結婚相手に「経済力」を求める割合は年々増加しており、'21年時点で約5割(48・2%)にものぼっているのですから。また、先の民間(リンクバル)の調査を見ても、結婚相手の女性に「年収300万円以上」を求める男性が、既に5割以上もいるのです(図表1‐12、59ページ)。

一方で、坂本氏は「女性の保守的な思想こそが、未婚率を上昇させている」とも言います。なぜなら、彼の研究や同研究所の統計分析においても、女性は年収200万円台であろうが、500万円以上であろうが、自身の収入未満の男性とは、まったくと言っていいほど結婚していないからです。

山田教授は、生活レベルや社会的地位の上昇を目的に、経済力が高い異性を結婚相手に選ぶことを「上昇婚志向」と定義しましたが、「均等法改正以降、これほど長きにわたって女性の『上昇婚志向』が変わらない（減少しない）とは思ってもみなかった」そうです。

背後にあるのは、『仕事の劣化』ではないか」とのこと。仕事に楽しさや憧れを抱きにくい社会だからこそ、上昇婚に期待をかけてしまうのではないか、といいます。あるいは、一部のキャリア女性においては「（将来の）妻が夫より稼いでいると、夫も肩身が狭く感じるのではないか」など、過度に気を遣ってしまっているのかもしれません。

「自分より上」の相手は減っていく

実は私も独身時代、恥ずかしながら結婚式の3か月前に「ドタキャン」した過去があります。婚約者が私に黙って仕事を辞めていたことが分かり、「信頼できない」と感じたからです。いまも若い未婚女性に取材する機会が多いので、彼女たちが強い将来不安から、結婚相手の男性に「堂々として欲しい」「安定した年収（稼ぎ）を」と望む気持ちは分かります。

ただ、だからといって「いまの（未婚時代の）生活水準を落としたくない」からと、令和のいまも上昇婚志向を捨てず、昭和の視点で相手を探すようでは、結婚に至りにくいはずです。なぜなら既述の通り、若い女性では近年、正規割合が増え、平均年収も少しずつ男性に近づいており、年収が「自分より上」の男性は今後、減っていくからです。

内閣府が、結婚意向のある未婚男女に「今、結婚していない理由」を聞いた調査でも、20～30代女性の回答で圧倒的1位は、「適当な相手に巡り会わない」（49・9％）でした（'19年同「少子化社会対策に関する意識調査」）。ですが、少々厳しい言い方をすれば、男性に「自分より上」の経済力のほか、家事・育児力も、見た目力も、そのうえ「恋愛力」までをも求めているようでは、思うような相手に巡り合えなくても当然ではないでしょうか。

また、'21年時点で、7割前後の未婚男女（18～34歳）は、いずれも親と同居しています（「第16回出生動向基本調査」）。この割合は、私（弊社）が積水ハウスと2年間マーケティング調査を続け、「同居親子（母娘）」に向けた新たな住まい（「CASA figlia（カーサ・フィーリア）―娘と暮らす家」）を開発した'06年当時から、さほど変わりません。

山田教授は「近年の親世代は寿命が長く、子世代が40歳を過ぎても、彼らの精神的支柱として健在であるケースが多い」といいます。ゆえに、子どもたちは自身の老後不安を感じながらも、自分を愛してくれる存在が身近にいる現状に安心し、「結婚は、いい人が現れてから考えよう」などと、つい先送りしてしまうこともあるのでしょう。

それでも、結婚に恋愛は必要か？

いまや「VUCAの時代」と言われる、予測困難な令和の時代です。男女とも結婚相手に一定の年収を求めるのは、ある程度理解できます。

ただ、結婚相手に求める条件が「あれもこれも」と多岐にわたるようであれば、想像以上にマッチング確率は下がります。一項目増えるごとに、どれほど劇的に下がっていくかは、第4章で統計学的見地から検証しますので、ぜひご一読ください。

そうした現実を踏まえ、どうしても未婚男女の皆さんにお尋ねしたいことがあります。

すなわち、「それでも、結婚に恋愛は必要ですか？」です。

実は、先の内閣府の調査において、20～30代で「今、結婚していない理由」の3位（男女平均）に入ったのは、「異性とうまく付き合えない」（26・1％）でした。男性のほうが女性より回答割合が多く、約3割（28・1％）にものぼっていたのです（「少子化社会対策に関する意識調査」）。

だからこそ、改めて考えてみてください。「なぜ結婚に、恋愛が必要なのか」と。

もちろん結婚後の生活において、夫婦のコミュニケーションは重要です。ただ、私のパートナーは結婚当初（20余年前）、「ゆるヲタ（ゆるいオタク）」を自認しており、決して異性とうまく付き合えるタイプではなく、恋愛力も明らかに低いほうでした。

それでも私の仕事に理解を示し、家事も少しずつ覚え、みずからの仕事や付き合いを柔軟に調整してくれるなど、結婚生活を共にするうえで最高のパートナーです。最近は若い未婚女性でも、似たような（恋愛が苦手な）タイプが増えているなと実感します。

結婚経験が一度でもある方は、既にお気づきのはずです。

結婚生活に「恋愛力」など、ほとんど必要ないのです。「異性と付き合うのが得意だ」などと堂々と胸を張るような男女は、先ほどのZ世代の声にあったように、むしろ浮気リスクさえ懸念されます。とくに、激しい恋愛感情を「心地よい」と感じる人は、脳科学上「リスクテイカー（危機好き）」と呼ばれるタイプで、投資やギャンブル、薬物、あるいは不倫などにもハマる恐れが指摘されているのです。

「でも、恋愛しないで結婚するって、何を基準に考えればいいのか分からない」という人も、ご安心ください。次章で、いまアメリカの若者の間でも広がっている、新たな恋愛の価値観や、新時代の「共創結婚」についてご紹介します。どうぞお楽しみに！

1・3　「恋愛しない（できない）」の正体

増加する「恋人ナシ」

では本章の最後に、令和の若者が「今後も、恋愛しないのか」について考えてみましょう。

私が拙著『恋愛しない若者たち』を上梓したのは、２０１５年の秋でした。この前年、内閣府が発表した調査結果、すなわち20～30代で、未婚かつ恋人ナシの男女の約4割が「恋人が欲しくない」と答えた、との事実が社会に衝撃を与えていました。

近年もこうした状況が大きく変わっていないのは、既述の通りです。

ちなみに、未婚の男女（18～34歳）における「恋人ナシ」は、'21年時点で、男性の7割強（72・2%）、女性の6割強（64・2%）にのぼりますが、同じ調査でバブル予兆期・最盛期（'82～'92年平均）における同年代の「恋人ナシ」割合を見ると、男性で4割強（44・2%）、女性で4割弱（36・2%）に留まっています。

近年、いかに「恋人ナシ」の若者が増えたのかは、この調査を見るだけでもお分かりいただけるでしょう（「第16回出生動向基本調査」）。

「男女不平等恋愛」は改善されるか

では彼らは、なぜ「恋愛しない」のか。私は、拙著（『恋愛しない～』）において、その原因と考えられる項目を5つ挙げました。

〈近年、若者が「恋愛しない」理由〉

1　「超情報化社会」による恋愛嫌悪と性のコンビニ化

2　「男女平等社会」と「男女不平等恋愛」のジレンマ

3　「超親ラブ族」の出現と恋愛意欲の封じ込め

4　「恋愛リスク」の露呈とコミュニティ関係の維持

5　長引く不況が招いた、恋愛の「希望格差社会」

このうち「2」については、今後改善が期待できるのではないかと思います。

’15年段階で、20代男女の多くが問題視していたのは、「学校や職場では『男女平等』を声高に言われるのに、いざ恋愛となると『男のくせに』や『女らしく』と言われて、納得できない」といった点でした。いわゆる「性別役割分業」志向のジレンマでしょう。ただその後は、ＳＮＳにおける「#ＭｅＴｏｏ」運動の影響などもあり、ジェンダーフリーの意識が少しずつ広がりを見せています。

日本社会はいまだ「ジェンダーギャップ指数が、１４６か国中１２５位」[*5]といった問題を抱えていますが、政治分野でギャップ解消が遅れる一方、「ＳＤＧｓ（Sustainable Development Goals／持続可能な開発目標）」の17項目のうちの「5（ジェンダー平等）」などが教育現場にも浸透しつつあり、若者の間では、ＬＧＢＴ（性的マイノリティ）を含めた多様性への理解も進んでいるようです。

’21年、ウェブメディア大手「ハフポスト日本版」などが、同年の衆議院選挙を前に、「政治が積極的に取り組んでほしい社会課題」を尋ねた調査でも、30歳未満（約３７００人）の回答では、「ジェンダー平等（選択的夫婦別姓など）」が1位でした。

もっとも恋愛シーンでは、いまだに「告白やプロポーズは男性から」といった意識が根強いようではありますが、それでも10年ほど前から、若い男性たちが「告白は、できれば女性からして欲しい」などと声を上げ始め、近年では「告白経験アリ」の女性（20～39歳）が４割強（42・5％）にのぼるなど、少しずつですが、「男女不平等恋愛」が改善され始めた様子が見てとれます（’22年「Oggi.jp」小学館、10月10日掲載）。

リアルの恋愛は「コスパが悪い」

半面、若者たちが恋愛しない理由の「1　**超情報化社会**」と「4　**恋愛リスクの露呈**」については、今後ますます厳しい時代に入るのではないかと考えます。

まず「1　**超情報化社会**」ですが、’10年以降、ＳＮＳやスマホの普及により、膨大な情報量が流通するようになったことは言うまでもないでしょう。さらに、日本でも’23年を皮切りに騒がれ始めた「ＣｈａｔＧＰＴ」など、ＡＩを用いたチャットボットの登場は、1年で従来の数千万倍以上もの情報を流通させる可能性もあります。

和光大学　現代人間学部の高坂《こうさか》康雅教授は、「何でもネットで情報を得られる社会に育った若者は、それですべてが分かった気になる『既視感』が強い」と話します。

確かに’10年ごろから、若い男女への取材で「リアルの恋愛って、コスパ悪そう」といった発言が増えたのですが、声の主に恋愛経験があるかといえば、そうとは限らないことも分かりました。彼らは少なからず、ネット（ＳＮＳ）で得た情報、たとえば「付き合った途端、彼女に高額なプレゼントを要求された」といった体験談をしょっちゅう目にし、「恋愛は、無駄な時間やお金を浪費する」「割に合わない」のだと、既視感を強めていることが多かったのです。

その後、ＹｏｕＴｕｂｅなどの動画が子どもや若者にも普及した'18年ごろからは、「性行為（セックス）」についても、「女性器って、キモそう（気持ち悪そう）」や「セックスって、汚い感じ」などの声がよく上がるようになりました。性行為のイメージを聞いた日本財団の調査でも、ネガティブな要素を指摘する男女（17〜19歳）は、性経験がない人ほど多く、「汚い」や「気持ち悪い」の回答が、いずれも１割以上にのぼっており、「セックスの既視感」も強まっているようです（'21年　同「18歳意識調査―性行為」）。

令和のいまは、「袋とじ」の成人向け雑誌を見ようと必死になった昭和とは違います。スマホとＷｉ－Ｆｉ環境さえあれば、いつでもどこでも、コンビニ感覚で、アダルトコンテンツを覗き見られる時代です。それが性的欲求を増幅させる可能性もありますが、逆に嫌悪感を抱かせるケースもあるでしょう。

便利な動画を使い、数分間の「自慰行為（マスターベーション）」で〝小腹〟を満たせるとなれば（多少語弊はありますが）、わざわざお金や時間を要してまで〝主食〟の「恋愛（性交渉）」を摂取しようとは、考えにくいのかもしれません。利便性が高い「ひとりエッチ（自慰行為）」に比べ、リアルの恋愛は「コスパが悪い」のです。

ＳＮＳの発達による怯え

一方の「４ **恋愛リスクの露呈**」も、実は「１ **超情報化社会**」と無縁ではありません。情報化が進んだことで、若者たちは恋愛リスクを身近に感じるようになりました。

「もし彼（彼女）が、別れ話を切り出した途端、いきなり豹変したらどうしよう」

'13年に起きた「三鷹ストーカー殺人事件」では、当時18歳の女子高生が元恋人にめった刺しにされたうえ、交際中に撮られた裸の画像などをネット上にバラまかれるという、「リベンジ（復讐）ポルノ」のキーワードも、世に衝撃を与えました。

Ｚ世代にとっては、ほぼ同年代が被害者となった事件で、多くの人々の間で「怖い」「他人ごとじゃない」といった怯えが生じたようです。

日本で、セクハラやストーカー、デートＤＶ（交際相手からのＤＶ）といった、恋愛を巡る様々な事件やリスクが浮き彫りになり始めたのは、その10年ほど前からです。その後、スマホやＳＮＳが普及すると、「リベンジポルノ」や「コクハラ（告白ハラスメント＝脈のない状態で異性に告白すること）」などの言葉も生まれました。

とくにＬＩＮＥでは、仲間うちで誰かが「今日、好きでもない○○君（さん）にコクられた」と呟けば、「うっそー」「キモーい」「あり得ない」などと、○○君（さん）は袋叩きに遭い、場合によると皆にシェアされる「公開処刑」のリスクもあります。

また、誰かがＳＮＳで「先週、Ａ男とＢ子が手繋いでたよ」といった目撃情報を呟けば、本人たちが交際を秘密にしていても、アッという間に仲間うちで広がってしまいます。あるいは、Ｃ子もＡ男を好きなのに、それを知らずにＢ子が「Ａ男とデートした」などと呟けば、周りから「アイツ、空気読めない」など、嫌がられたりもするのです。

だからこそ、彼らは大学のサークルや職場といったコミュニティ内で〝和を乱す〟恐れがある恋愛を避ける傾向にあります。’22年実施の調査でも、職場恋愛について「（どちらかといえば）したくない」と否定的な20代が、７割弱（65・３％）にのぼりました（Ｊｏｂ総研「仕事と恋愛に関する意識調査」）。

フェイストゥフェイスの「リアル恋愛」のリスクが露呈する一方で、リスクが低く、コスパもタイパ（タイム・パフォーマンス／時間対効果）も良い、とされるのが「バーチャル恋愛」、すなわち、近年のデジタル技術によって高度化した「恋愛代替」とも言える存在です。

’18年、当時35歳の男性（近藤顕彦さん）が「初音ミクさん（バーチャルシンガー）」と、約

２００万円かけて結婚式を挙げたことは、ご存じかもしれません。彼はミクさんへの強い愛を誓っており、その後も、ミクさんの姿を立体ホログラムで筒の中に投影し、ＡＩ機能を使って「おはよう」「いってきます」などと簡単な会話を交わしていたそうです（'22年　毎日新聞、１月１日掲載）。

「推し」はリスクが低い

'20年2月以降は、コロナ禍での「ステイホーム」の影響もあって「デジタル化」が一気に進み、著名なアーティストによるオンラインライブや、ＡＩを使ったバーチャルアイドルなどが、次々と登場しました。

こうしたなか、リアル、バーチャルを問わず、特定の「推《お》し（誰かに推薦したいような対象）」を応援する若者も増えています。Ｚ世代ら（女子大生や女子高生）に『推し』がいますか?」と聞いた調査でも、「いる」の回答は98・４％と、ほぼ全員に及んだほどです（'21年「Trend Catch Project」RooMooN 調べ）。

「エンタメ社会学者」の肩書を持ち、早稲田大学ビジネススクールやシンガポール南洋理工大学でも教鞭を執る中山淳雄氏によれば、「推し」から得られる喜びは、以前隆盛を極めた

「萌え」よりさらに大きいと考えられる、とのこと。

いわく、「萌え」の時代（'10年ごろまで）は、キャラクターやタレントなどの対象に「内的な（恋愛とも性愛ともつかない）」感情を抱いたのに対し、推しの時代（'11年ごろ〜）は、人々が「（対象に）何かを与えたい」「共に何かをしていきたい」という感情を抱くようになったといいます。

まさにこれが、近年のマーケティングで重視される「共創（Co-Creation）」の概念です。

とくに、ゆとり世代やZ世代の若者は、多くが中高生時代にボランティア教育などを受け、「誰かの役に立ちたい」や「皆で力を合わせ、なにかを良い方向に導きたい」とする貢献欲求が強い世代です。いまはSNS上で「推し仲間」も募れるため、皆で盛り上がって共に応援したい、との願いを即実現できる環境も整っています。

この「皆で一緒に」こそが、従来の恋愛と「共創」の大きな違いだと中山氏。

最終的に、対象との1対1を目指して争う恋愛とは違い、共創感情を伴う「推し」は〝競争〟になりにくいといいます。

「推しには、仲間と共に魅力的リソースをシェアする連帯感を味わいながら、共に高め合える喜びがある。そのうえ、対象が『仮想キャラ』など人間以外であれば、その対象に第三者と恋愛・結婚されてしまうなど、裏切られるリスクも低いのです」

もっとも、「『恋愛代替』とはいえ、生身の恋愛と『推し』は違う」と考える人も多いと思いますが、脳科学的にみると、両者から得られる喜びはかなり似通っているようなのです。

生理学者で京都大学の久保田競《きそう》名誉教授も、「好きなアーティストのライブに行く」などを例に挙げ、「人は（推しも含めて）誰か好きな対象を追いかけている間、ドーパミンの作用によって、やる気や前向きな気持ちになれる」といいます（'20年『日経ＡＲＩＡ』日経ＢＰ、2月25日掲載）。その感覚は、恋愛初期と似ているようなのです。

第3章でふれますが、ドーパミンはなにかの物事にハマったり、状況をより良くしようとする原動力にもなる、神経伝達物質です。中毒性が強い「報酬系ホルモン」でもあります。

久保田教授によれば、「推しのライブに行こう」と目標を定め、狙い通りチケットを予約できたり、そこで感動できたりすると、目標達成効果で、報酬系のドーパミンが放出されます。すると「よし、次も！」とやる気が出て、新たな目標に繋がるサイクルが出来上がります。そのうえドーパミンは、分泌回数が多いほど放出されやすくなる、とのこと。

ゆえに、推しにハマればハマるほど（中毒症状によって）抜け出しにくくなるでしょう。

キスもセックスも〝女子先行〟

一方で、相手が至近距離にいなければ、キスやセックスは（通常なら）できません。昭和の時代なら、「キス（セックス）したい」との欲求こそが、「あの人に早く会いたい」「近づきたい」など、リアル恋愛の原動力にもなっていたはずです。

ところが既述の通り、近年は異性との性行為に憧れをもたない若者も増えています。

正確にいえば、早々に性体験を済ませる「早熟派」と「未経験派」の二極化が起こっており、未経験派はネット情報などによって、一方の早熟派は、早々に性行為を体験し「なんだ、この程度か」などと感じることで、それぞれ既視感を強めている印象です。

日本性教育協会の調査によれば、高校生全体の「性交経験率」は、’17年時点で約16％と、’05年（約28％）との比較で1割以上減っています。減少傾向は男女とも同じなのですが、実は経験率が’05年に男女で逆転し、いまや女子高生のほうが男子高生より、経験割合が6％ほど高い状況です。とくに’00年代生まれのZ世代は、キスも性交経験も〝女子先行〟が際立っているのが見てとれます（図表1-14、次ページ）（’19年「現代性教育研究ジャーナル」№94）。

あくまでも推測ですが、おそらく性に活発な一部の年上男性（大学生など）が、一人で複数の女子高生を相手にするため、女性の間で「早熟派」が増える、でもそうした男女は一部

図表1-14　中学・高校・大学生男女の性交経験率（推移）

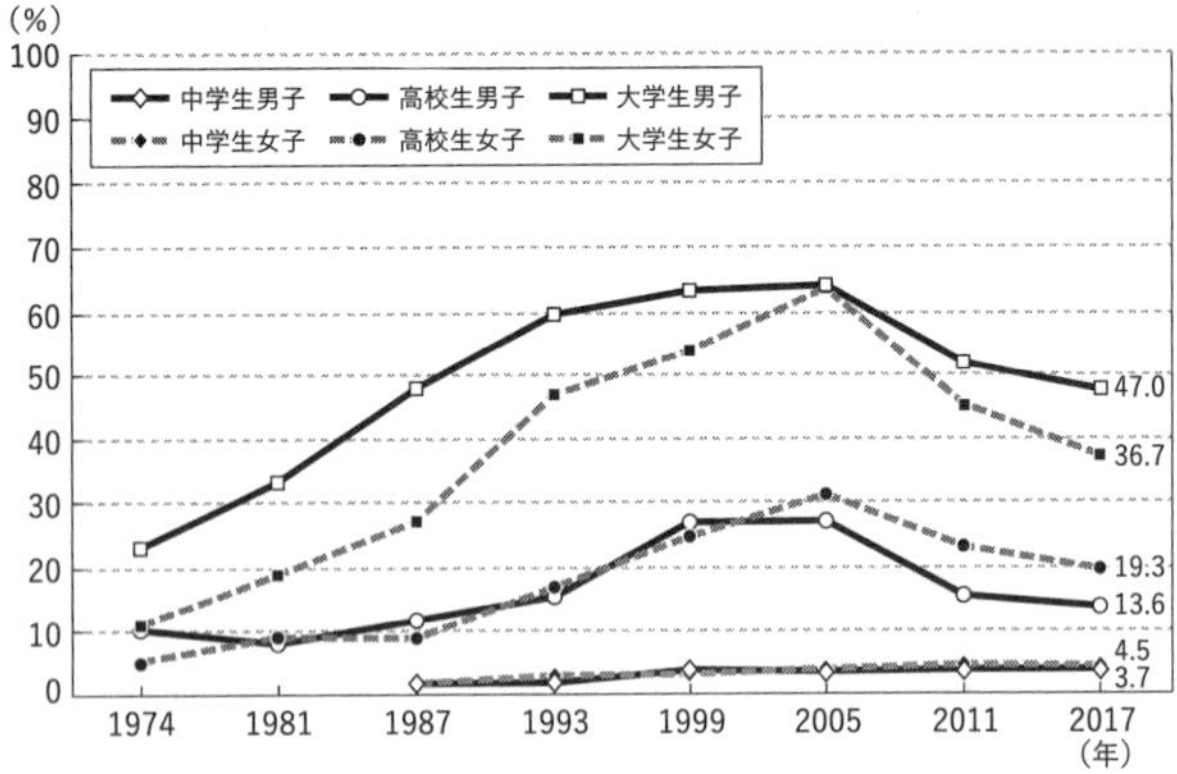

出所）2019年 日本性教育協会「現代性教育研究ジャーナル」No.94をもとに作成

にすぎず、全体で見ると「未経験派」が多くなる、との状況ではないでしょうか。

ちなみに、先の「出生動向基本調査」（第16回／'21年）で、性経験のある未婚者の割合を見ると、30〜34歳では、男女とも6割前後（男性62・8％／女性55・6％）に留まります。裏を返せば、4割前後の男女は30〜34歳時点でも、性経験がゼロなのです。

長引く不況と恋愛の「希望格差社会」

こうした性経験率の低さも、「恋愛は面倒」だと感じさせる一因かもしれません。

ただ、それと同等かそれ以上に、恋愛を遠ざけている要因は、先の「5 **不況と希望格差社会**」であることは、ほぼ間違いないでしょう。

東京大学が若者（おもに18～39歳）１万人の、28年の間のデータを分析した研究によれば、学歴や収入が低いほど異性との交際を諦める人が多い様子が明らかになりました。しかもその傾向は、以前から言われてきた男性に限らず、女性においても顕著だったのです。

具体的には、シングル（未婚・交際相手ナシ）の約半数が、異性との交際に関心がなかったのですが、その属性は「年収３００万円未満」が、男性で８割弱（76・４％）、女性で９割弱（87・８％）を占めました（'20年 同「日本成人における草食化（異性間交際及び交際への関心の有無）の傾向及び関連する因子について」）。

山田教授は、こうした状況を「希望格差社会」と表現します。進化心理学者ランドルフ・ネッセの論文、すなわち「努力が報われると思えば、希望が生じる」「でも努力しても無駄だと思えば、絶望が生じる」との記述に由来する言葉です。

本来、結婚はともかく「恋愛」では、雇用形態や年収で「交際するか、しないか」を決める必要はさほどないはずで、せいぜいデートで贅沢できるか否か、迷う程度でしょう。

ですが、私が'15年に取材した若者たち（おもに、ゆとり世代）に比べ、いまのZ世代の状況はさらに深刻です。先のように、就職したあとで「恋愛できる身分じゃない」と考えるだけでなく、就職する以前、まだ学生の段階で「恋愛どころじゃない」「そんな余裕もない」と追い詰められている若者が、大勢いるのです。

今回の20代への取材では、「（節約する）親に申し訳なくて、大学の入学金を銀行から借りた」や「奨学金の額がハンパじゃなくて、朝起きた瞬間からバイトのことしか頭にない」といった声が次々と飛び出しました。20代半ばの会社員男性（関西の有名私立大卒）に至っては、約７００万円の奨学金を返せずに消費者金融に手を伸ばし、見かねた会社が一部肩代わりしていたほどでした。

実は、いまや4年制大学（昼間部）に通う学生のおよそ半数（49・6％）が、奨学金を借りています（’20年 日本学生支援機構「学生生活調査」）。しかもその借入金額は平均で３１０万円にものぼり、毎月１・５万円程度を約15年間かけて返済するのが一般的なのです（’22年労働者福祉中央協議会「奨学金や教育費負担に関するアンケート調査」）。

この状況で、日本は本当に先進国と言えるのでしょうか。

パートナー選びに重要なのは……

現時点（’23年8月現在）で、岸田首相が打ち出した少子化対策に、具体的な「高等教育無償化」の施策までは含まれていません。山田教授は、「本来そこまで踏み込んでもらいたいが、相当な財源を要するので難しいのかもしれない」といいます。

　いずれにしても、こうした苦しい生活面を鑑みると、もともと親と親密な「3**超親ラブ族**」が多い令和の若者が、この先、「ガンガン稼いで、一人暮らししよう」とか「早く結婚して、とっとと実家を出よう」となるとは考えにくいのではないでしょうか。

　一方で、先の未婚化のキーマン・団塊ジュニアは、このあと「２０２５年問題」、すなわち親世代である団塊世代の「介護」の問題に直面します。いまも未婚割合が高く、結婚しても共働きが7割という彼ら子世代にとって、「働きながら親を看る」という課題は、決して軽くはないはずです。

　そんな先輩たちの、あるいは自分の親の様子を見て、現20代の男女の多くは「自分だったらどうするか」を真剣に考えるでしょう。そのとき、「ヘタに結婚すれば、相手の親の介護まで、自分に降りかかってくる」と恐れ、結婚（入籍）を避けて親元に居続けるのか、あるいは「自分は実の親を介護したくないから、早いうちに自宅を出よう」とクールに考え、親と距離を置くのか、どちらを選ぶかはまだ分かりません。

　ただ間違いなく言えるのは、もう一つの捉え方、すなわち「自分に一生を共にするパートナーがいれば、たとえ自分の親が倒れても、二人で支え合える」「結婚はリスクヘッジに繋がる」と考える若者が、一定数いるだろうということです。

そのとき彼らは、なにを重視して相手を選ぶでしょうか。経済力なのか、家事・育児力なのか、見た目力なのか、それとも「恋愛力」なのか……。

改めて考えると、長きにわたって人生を共にするパートナー選びにおいて、いかに「恋愛力」がどうでもいいものであるかが、お分かりになりませんか？

「ゾンビ」から解放されない理由

山田教授は、「'90年代半ば以降、自由恋愛が定着したことで、日本では恋愛のアドバンテージだけが薄れた」といいます。

つまり、ヨーロッパでは自由恋愛の定着が「恋愛」の価値を高め、「（法律上の）結婚を意識せずに、もっと恋愛を楽しもう」との機運が高まった。それなのに日本は逆で、「恋愛」の価値が下がり、（女性を中心に）「結婚」の価値だけが上がったといいます。

自由恋愛の定着は、「恋愛（や性行為を）したからといって、必ずしも結婚しなくていい」との概念、すなわち「恋愛・結婚・出産」を三位一体だとする、ロマンティック・ラブの崩壊をも意味します。次章でふれますが、山田教授は自身の研究論文（’92年）において、その崩壊が、’90年代初めに既に起きていた可能性を、示唆していたのです。

本来なら、三位一体化が崩れたことで、欧米のように「（結婚を意識せず）もっと恋愛を楽しもう」となるのが自然でしょう。でも日本では、そうはなりませんでした。

さらに不思議なことがあります。「はじめに」に書いたように、日本では、’90年代半ばに三位一体化が崩れていたにもかかわらず、30年近く経ったいまも「恋愛しなければ、結婚できない」との概念に縛られているのが実状なのです。

関西大学の谷本奈穂教授は、「現代の人々は、ロマンティック・ラブ・イデオロギーならぬ『ロマンティック・マリッジ・イデオロギー』に捉われている」といいます。後者は、「恋愛（性）の先には必ずしも結婚がなくてもよいが（＝自由恋愛）、結婚には必ず恋愛が必要だ」とする考え方です。

谷本教授によれば、’90年代半ば以降の日本で、ロマンティック・ラブの崩壊と同時に、このロマンティック・マリッジの概念が主流となった、とのこと。これにより、「恋愛感情がない結婚は、正しくない」と位置付けられ、結婚を考える男女の多くが、再び結婚と恋愛の結びつきを意識するようになった……。

すなわち、ロマンティック・ラブは一度死んだのに、再び生き返った（かに見えている）「ゾンビ」であり、「人々はそのゾンビから解放されずにいる」というのが、谷本教授の考え方です。

いかがでしょう。そんな若者たちを、ロマンティック・マリッジという名のゾンビから、いまこそ解放し、新たな結婚の概念を提示してあげたい、と思いませんか？

ここまでお読みくださった皆さんは、なぜ令和を生きる若者たちが「恋愛が面倒」だと考えるか、理解してくださったかと思います。また、団塊ジュニアをはじめとする彼らの先輩が、「いずれ結婚するつもり」だと考えながら、なぜ結婚しなかった（できなかった）のか、その理由も、ぼんやりと想像できるのではないでしょうか。

第3章で詳しくふれますが、恋愛は脳科学や進化人類学の見地から見ても、非常に「面倒でストレスがかかるもの」なのです。

そのせいかもしれません。実は近年、日本だけでなくアメリカの大学生の間でも、情熱的な恋愛を好まず、交際相手を「恋人」より「よい友達」だと考えたがる傾向にあるそうなのです（'09年 心理学者ヘンドリック夫妻の研究などによる）。

ただでさえストレスフルな社会において、若者たちは人種や国籍にかかわらず、無意識のうちにも、「恋愛というストレス」から解放されたがっているように思えてならないのです。

次章でも詳しく見ていきましょう。

＊１　２０２２年　男女共同参画局「人生１００年時代の結婚と家族に関する研究会」
＊２　日本産科婦人科学会サイト／A Cobo, et al. [2018], *Elective and Onco-fertility preservation*, Human Reproduction, 33, (12)
＊３　内閣府「日本経済２０１９—２０２０」
＊４　「重視する＋考慮する」の合計。以下同／「第16回出生動向基本調査」
＊５　Global Gender Gap Report 2023, WORLD ECONOMIC FORUM. 2023

第2章

ロマンティック・ラブ幻想史

2・1　欧米で誕生した「ロマンティック・ラブ」

第1章では、令和の若者が「恋愛・結婚しない（できない）理由」を挙げました。なぜ私が、あえて恋愛と結婚の切り離しを提案するのか、その理由についてもふれました。

そもそも、恋愛と結婚、出産の三位一体化、すなわち「ロマンティック・ラブ・イデオロギー」は、18〜19世紀のヨーロッパで誕生した概念だとみられています。

本章ではまず、その誕生までの経緯について見ていきましょう。

恋愛はどのような感情か

ところで、「恋愛」とはどのような感情を指すのでしょうか。

その定義を辞典で確認すると、出版元によって解釈が多少異なる様子が分かります。例を挙げてみましょう。

ア　**『広辞苑』（第6版）＝男女が互いに相手をこいしたうこと。また、その感情。こい**

イ　『ベネッセ表現読解国語辞典』＝男女間で特定の相手をお互いに恋い慕うこと

ウ　『デジタル大辞泉』＝特定の人に特別の愛情を感じて恋い慕うこと。また、互いにそのような感情をもつこと

いずれも「互いに」と「こいしたう（恋い慕う）」が共通ですが、その対象について、ア、イは「男女（間）」、ウは「特定の人」としています。おそらくウには、同性愛も含まれるのでしょう。また、ウには「愛情」という言葉も含まれています。

同志社大学社会学部の佐伯順子教授によれば、もともと日本で「愛」という言葉が使われ始めたのは明治時代で、「知識人、なかでもキリスト教主義の人たちに、新しい時代の新しい人間の理想を表現しようとして」用いられるようになった、とのこと。男女の愛や家族の愛、様々な人間関係を含んでいた（いる）といいます（２００５年 同「同志社大学・今出川火曜チャペル・アワー『奨励』記録」5月17日）。

対する「恋愛」は、江戸時代以前からあった「恋」と愛を、明治時代に結合させた言葉であり、いわゆる「色」や「惚れた、はれた」のニュアンスも含まれるそうです。

日本の社会に「恋愛」という言葉を普及させることに大いに貢献したのは、詩人でキリスト教信者でもあった北村透谷（後述）でしたが、「彼が理想としたのはあくまでも『（詩的な）恋愛』であり、『愛』ではなかった」と佐伯教授。透谷は恋愛を賛美し、当時では珍しい「恋愛結婚」を果たしながら、のちに「結婚生活は、詩人の理想を幻滅させるものだ」とも語ったそうです。

つまり、彼自身が「恋愛と結婚は別物だ」と認識していた可能性があります。

「恋愛と性（セックス）」はもともと切り離されていた

ロマンティック・ラブまでの道のりを考えるとき、気になるのは恋愛と性の分離、すなわち「セックス抜きの清い関係」を想起させる「Platonic Love（プラトニック・ラブ）」です。この言葉の語源が、古代ギリシアの哲学者プラトンであることは、あまりにも有名でしょう。彼は、みずからの『饗宴』という対話篇において、「肉体に惹かれる愛（性）より、精神的に惹かれる愛のほうが優れている」ことを示しました。これが、今日の「プラトニック・ラブ＝肉体的欲望を離れた純粋に精神的な恋愛」（デジタル大辞泉）の概念に繋がったとされています。

実はプラトンは同性愛者（当時、成人男性では一般的）だったようで、男性同士の愛を男女の愛より上だと示したかったのではないか、と見る向きもあります。ただ、いずれにせよ、プラトニック・ラブを恋愛の一つとするなら、古代ギリシアにおいて「恋愛と性（セックス）」は、必ずしも結びついていなかったことになります。

　その理由について、仕事や社会との関わりで説明するのが、福岡大学人文学部の鈴木隆美教授です。いわく、「古代ギリシア人たちは『性欲』をコントロールすることによって、労働や社会生活が可能になると考えたのではないか」（同『恋愛制度、束縛の2500年史』光文社新書）とのこと。つまり彼らは、性の誘惑や魅力をコントロールできなければ、社会秩序が乱れ、仕事にも身が入らないと考えていたようなのです。

　恋愛と性の切り離しは、紀元4世紀ごろ誕生したとされる『新約聖書』からもうかがえます。カトリック司祭で上智大学神学部の竹内修一《おさむ》教授によると、新約聖書に目立って登場する愛は、1 **性的な愛を示す**「**エロス**」のほか、2「**フィリア**（**友愛・友情**）」＝**友達同士のような同等関係**と、3「**アガペー**（**無償の愛**）」＝**ひたすら自分が相手に与える関係**だといい、性的なエロスとそれ以外の愛は、明確に区別されているそうです（同 テンミニッツTV「10MTVオピニオン―キリスト教とは何か」）。

　また、中世のキリスト教はセックスに対して極めて禁欲的で、結婚を伴う性交渉でさえも、子孫を残すための「必要悪」と見なす傾向が強かったとされます。鈴木教授は、「キリスト教には『聖母信仰』がベースにあり、聖なる母に対する強い憧れや崇拝が、一般的な女性の性的側面への嫌悪に繫がった可能性もある」と見ているようです。

2つの恋愛革命――「騎士道的恋愛」と「宮廷風恋愛」

ところがその後、2つの大きな「恋愛革命」が起こります。

それが、12〜13世紀に起こり、普及したとされる「騎士道的恋愛」と「宮廷風恋愛」です。いずれもフランス発であり、今日でも「恋愛を発明したのはフランス」と言われるゆえんかもしれません。

前者（騎士道的恋愛）は、南フランスのトルバドゥールと呼ばれる吟遊詩人たちが謡いあげた、騎士たちの恋愛模様です。当時の男性には、神に献身するキリスト教戦士も多く存在しました。おそらく彼らは「聖母マリアに仕えるように、貴婦人（おもに主君の奥方など）を崇拝せよ」と教えられることで、忠義や戦意を高めたのでしょう。

そこにある感情は「崇高な愛」だとされましたが、所詮は身分違いの愛、しかも相手は既婚女性で、ほとんど報われることはありませんでした。性交渉にも発展しにくかったようです（同『恋愛制度、束縛の２５００年史』光文社新書）。

一方の後者（宮廷風恋愛）は、フランスの詩人ギヨーム・ド・ロリスらが著作『薔薇物語』において創造、昇華させたと見られる概念です。ここでもまた、当初は肉体的な愛を超えた精神的な愛が賛美され、官能的な想像を喚起しながらも、プラトニックの様相が濃かったといわれます。

ところが17世紀、そんな宮廷風恋愛が変化を見せます。宮廷文化をリードしていた貴婦人たちが「galanterie（ギャラントリー／優雅な趣味的恋愛）」を楽しむようになり、「恋愛と性」が徐々に一体化していったのです。

社会学者で大阪大学の井上俊名誉教授によると、このころ貴婦人が夫の他に愛人を持つことは一般的な現象となり、いまで言う「不義（不倫）」が社会的に公認されるようになったといいます（同［１９６６］『恋愛結婚』の誕生」『ソシオロジ』社会学研究会、12（４））。

「不倫」を否定しない社会に、少し違和感を覚える人もいるかもしれませんが、「当時は恋愛と『結婚』を切り離して考えており、そのことが非常に重要だったのです」と話すのは、関西大学の谷本奈穂教授です。

すなわち、当時は「階級」による結婚が主体で、もし自由恋愛と結婚が結びつけば、階級社会に混乱を招きかねない、でも逆に、恋愛が「結婚の外」で行なわれる限り、そうした心配はなく社会秩序も保たれる、だからこそ恋愛と結婚は切り離して認識されていたのだろうといいます。

ロマン主義と産業革命が恋愛の「社会的地位」を高めた

「恋愛と性（快楽）」を一体とみるようになった宮廷風恋愛の概念は、やがて市民社会にも普及していきます。きっかけの一つは、近代フランスで商工業を生業とした「bourgeoisie（ブルジョワジー／中産階級）」の台頭だったようです。

ところが、井上教授によると「当時の市民社会は、恋愛は受け容れても『不倫』を受け容れることはできなかった」とのこと。それまで、宮廷風恋愛の対象は高貴な既婚女性でしたが、市民は不倫を美化するわけにはいかず、その対象を「未婚」の女性へと移し始めます。

ですが未婚女性との恋愛は、その先の「結婚」を想起させます。谷本教授が指摘したように、自由恋愛と結婚の結びつきは、階級社会を混乱に陥れかねません。恋愛と結婚は一時期、激しく対立する構図にあったようです。

それでもその後、芸術と産業のパワーが、世の中を一気に変えていきます。

まず芸術では、フランス革命（１７８９年〜）前後の18世紀末〜19世紀前半、ヨーロッパを中心に起こった「ロマン主義」です。語源は「ローマ帝国（ロマン）」の庶民文化で、それまで古代ギリシア芸術などを唯一無二の存在として称えた「新古典主義」に反し、人間の〝情熱や感性〟が育む多様な美しさがあることを主張しました。

井上教授は、これこそが「恋愛の『社会的地位』を著しく上昇させた」といいます。かつて「魂の病気」として扱われた恋の情熱は、各国のロマン主義者たちによって、「神聖なる恍惚《こうこつ》」「至上の価値」へと昇華したのです。

また、恋愛の価値をさらに高めたのが、ヨーロッパで18〜19世紀に起こった「産業革命」だと井上教授はいいます。近代化に伴う機械化・都市化・産業化は、人々から人間らしさを奪っていったのでしょう。人々が現実逃避として、あるいは「人間性護持の最後の砦」として、恋愛の価値を上げていったのではないか、それが井上教授の見方です。

翻ってみれば、日本でも恋愛への憧れが高まり、自由恋愛に向けた積極性がピークを迎えたのが、’50年代後半の高度経済成長期から’90年代前半のバブル期にかけてでした（後述）。この時期、多くの男女が恋愛を価値あるものとして称え、そこに時間やお金を費やした理由の一つは、もしかすると、働き蜂として自分が社会や経済の歯車と化していく（非人間化）

ことから逃れたい、とする逃避行動だったのかもしれません。

「恋愛」「結婚」「性（出産）」はいかにして結びついたか

その高尚な恋愛が、なぜ「結婚」や「性（出産）」と結びつき、三位一体の「ロマンティック・ラブ・イデオロギー」という概念が芽生えたのでしょうか。

まず考えられるのは、「宗教や封建主義からの緩やかな解放」です。

17世紀に力を持ち始めたブルジョワジーらも、当初は恋愛やそれに伴う（生殖を目的としない）性的欲求が、神の祝福する結婚と相容れないと見ていたようです。

ところが井上教授いわく、18世紀ごろから、宗教や封建的な「桎梏《しっこく》（制限や束縛）」からの解放を求める機運が急速に高まるなか、世俗化や個人主義化が追求され、恋愛の価値が上がり、それを永続的なものにすべく「結婚と接続しよう」とする考え方が育っていった、とのこと。そんななかで、「結婚と恋愛は本来、矛盾する」との側面も、さほど気にならなくなったのだろうといいます（同［１９６６］「『恋愛結婚』の誕生」『ソシオロジ』社会学研究会、12（4））。

一方、恋愛と「性（出産）」の結びつきに関しては、イギリスの社会学者アンソニー・ギデンズ氏が提示した「（旧来の）親密性」の言葉に集約されるといっていいでしょう。

彼は著書において、恋愛と性（出産）、そして結婚との三位一体化（ロマンティック・ラブ）を、「熱狂的な『情熱恋愛』とは異なる、高潔で未来志向型の愛」としました。肉欲や野卑なセクシャリティとは相容れず、気持ちを落ち着かせる「魂の交流」を想定しているとし、「ロマンティック・ラブ的愛着では、（中略）一方でセクシャリティを包含しながら、同時にまたセクシャリティと絶縁していったのである」と提言したのです（同『親密性の変容』而立書房）。

少し分かりにくいのですが、おそらくこういうことでしょう。

以前のキリスト教では、性欲に振り回される生き方は神への冒涜で、性は子作りのための必要悪、感情を重視しない行為だ、とみられていました。これが、ロマンティック・ラブで「絶縁」したほうのセクシャリティです。

ところがその後、ブルジョワジーらの間で恋愛の価値は上がり、それを未婚者の間で永続的なものにすべく「恋愛→結婚」への流れが生まれました。こうなると、「恋愛と出産」を無理に引き離そうとすれば、「結婚と性（生殖・出産）」の結びつきも棄損されかねません。そこで恋愛と結婚は「出産」「家族愛」とも結びつくことになった、これが「セクシャリティを包含する」ロマンティック・ラブの思想でしょう。かなり強引な解釈ですよね。

ヨーロッパの近代家族と「便利な感情」

18～19世紀の「産業革命」は、女性や家庭の役割も大きく変えました。

東京工芸大学芸術学部の鈴木万里教授は、「欧米において、女性の社会的立場が最も低かったのは、19世紀だった」とみています。

いわく、産業革命によって、職場はそれまでの「家（家内制手工業）」から「外（工場）」へと向かいました。家庭と職場が分離したことで、女性は職を奪われ、父親や夫に扶養してもらわざるを得なくなった、とのこと。19世紀のヴィクトリア朝時代において、女性は「無垢で清純な存在」であり、「家族のために奉仕することが、唯一の生き甲斐である」といった概念が広がっていった、といいます（同［１９９８］「『女性の問題』とヴィクトリア朝小説」『飯山論叢』15（2））。

またこの時代、イギリスでは家父長制が絶大な権威を持っていた、と鈴木教授。おそらく、女性が積極的・主体的に配偶相手を選べる環境にはなかったでしょう。一方で、当時の小説では「美しく善良で従順なヒロインが、試練の末に立派な男性に救われて結婚し、幸福をつかむ」といった「シンデレラ型」が人気を博していったそうです。

実は18世紀後半以降、隣国・フランスでは、女性の権利思想やキリスト教信仰の薄れなどを背景に、一旦「離婚」や「産児制限」が容認されるようになりました。人々の間で、「性と出産（生殖）の分離」が意識され始めていた可能性があります。

当時、（おそらく男性中心の）ヨーロッパの社会は、ここで危機感を抱いたのでしょう。近代化によって、職場が家庭の外へと向かい始めた、ここで「家庭」の重要な役割を提起しなければ、女性がいたずらに権利を主張し、避妊や中絶、離婚が増えたり、男性が日中外に出て目の届かないところで、家庭が崩壊したりしてしまうのではないかと。

そんななかで、社会から分離された家庭が「情緒的な結合体へと変化した」とみるのが、『近代家族の形成』（昭和堂）の著者エドワード・ショーター氏です。

彼はロマンティック・ラブが、愛情に支えられた家族観の形成（近代家族イデオロギー）に寄与したと見ています。確かに、家族について、実利的な側面より〝情緒的〟な価値を歌い上げれば、「夫婦は愛し合うものだ」という夫婦愛や、「子どもを愛さない親はいない」といった母性（父性）愛の規範が強固となり、家族の崩壊も防ぎやすいはずです。

恋愛と結婚と出産の三位一体化や「親密性」は、家庭や家族の役割が揺らいだ18〜19世紀のヨーロッパにおいて、近代家族や新たな親子関係、理想の母親像などに対応し得る「便利な感情」でもあったのでしょう。

ちなみに20世紀半ば～後半、女性解放運動に参加したフランスの女性たちの多くは、作家ボーヴォワールの著書『第二の性』（'49年刊）にある有名な一説、すなわち「人は女に生まれるのではない。女になるのだ」に、大いに影響を受けていたといいます。

彼女たちが雇用・職業における男女平等のほか、人工妊娠中絶の合法化、家父長制からの解放など、経済的・精神的自立や、自由な恋愛・結婚を求めて社会と闘い、真の意味でそれらを手にしたのは、１９６８年の「五月革命」以降のことでした。

つまり、恋愛を発明した国・フランスの女性たちでさえ、男女差別に依らない「自由な恋愛・結婚」を手にしたのは、わずか五十数年前のことだったのです。

２・２　日本の「ロマンティック・ラブ幻想史」

ここまで、イギリスやフランスにおける恋愛が、産業や文化、社会秩序によって少しずつ変容し、結婚や出産と半ば無理やり結びついてきた様子をご紹介しました。

ここからは、日本における「ロマンティック・ラブ」の歴史とその背景について、まず「1980年代～明治・大正時代」までを遡って見ていきましょう。

（1）1980年代～明治・大正時代まで

女性にとって、結婚は死活問題だった

昭和から平成へと元号が変わった、1989年。当時は、バブル経済真っ盛りで、いわゆる「恋愛至上主義」と言われた時代です。あれから三十余年、まさか若者の多くが「恋愛が面倒」だと言い切る時代が来るとは、夢にも思いませんでした。

「はじめに」でふれた通り、近年は「恋人がいない」未婚者（18～34歳）が多く、’21年時点で、男性で7割強、女性で6割強にのぼります。他方、私が青春時代を過ごしたバブル予兆期～最盛期の’82年、’87年における「恋人がいない」未婚者（同／平均）は、男性で4割強、女性で3割強のみで、6～7割の未婚男女に彼氏・彼女がいたことになります（「第16回出生動向基本調査」）。

結婚についても、前章でご紹介したように、’80年時点では男女ともに95％以上の人が一生に一度は結婚していました（=国勢調査）。女性の側から言えば（多少語弊がありますが）、「結婚するほかに選択肢がなかったから」なのかもしれません。

バブル崩壊後の’97年に、「均等法（男女雇用機会均等法）」が改正されるまで、女性が一生働き続けられる職場は（自営業などを除き）、非常に数少なかったとみられます。均等法の施行は’86年ですが、法改正までは、従業員募集や採用、昇進などについて男女差別（区別）をなくすことは、事業者の「努力義務」で、破っても若干の過料が課される程度でした。

いまほどコンプライアンスに厳しくない時代でもあり、入社3～4年目を迎えると「まだ結婚しないの？」と社内で揶揄《やゆ》されるなど、いわゆる「肩叩き」が横行していたのも事実です。いまも「30歳までに結婚を」と焦る結婚プレッシャーは存在しますが、当時多くの女性にとって、結婚はより深刻な死活問題だったのです。

また、’80年代に20代だった男女の親は、多くが戦前生まれですから、結婚プレッシャーは家庭内にも存在したでしょう。いまほど居心地も良くはなかったはずです。

一方で、当時はまだ、未来のお婿さん候補は、会社員ならほぼ全員が「正社員」だったと思われます。しかも’80年代初頭までは、専業主婦世帯がおよそ3分の2を占めていました（’22年　厚生労働省「厚生労働白書」）。日本全体が経済成長していた時代ですから、ほとんどの場合、結婚相手は父親より高収入で、「結婚すれば、家を出て仕事も辞められて、生活も豊かになって、いいことが待っている」と信じられた時代でもありました。

たとえそれが「茨の道」であっても、結婚生活のリアル（デメリット）を伝えるインターネットやＳＮＳは存在しないに等しかったのです。離婚件数も、’83年は年間18万件弱と、その後のピーク時（’02年／年間29万件弱）より約４割も少ない時代でした（’22年 厚生労働省「『離婚に関する統計』の概況」）。また、男性も、’80年代までは「男は結婚してこそ一人前」と見られ、仕事上も、結婚にはメリットこそあれ、デメリットは見当たらなかったでしょう。

結婚が決まり、自由恋愛に終止符を打つことを「そろそろ年貢の納め時か」など残念がる傾向もありましたが、当時の日本企業はまだ終身雇用や年功序列制度が根強く、リストラが公然と行なわれることもほぼありませんでした。一定規模の企業に就職すれば「一生安泰だ」といった気運があり、だからこそ安心して結婚できたのだと思います。

なぜ多くが結婚できたのか

中央大学の山田昌弘教授は、内閣府主催のフォーラムにおいて、’80年代まで多くの男女が結婚できた理由を、以下３点に要約しました（’16年 同「結婚応援のための全国フォーラム」）。

1　経済的不安の少なさ

男性の多くが正社員（終身雇用・年功序列賃金）か自営業者の跡継ぎで、経済的な不安が少なく、女性は誰と結婚しても安心して専業主婦になれた。今日ほどの経済格差も見られなかった

2　出会いの容易性

結婚の約半数が「職場結婚」の時代。女性も多くが正社員で、社内サークルなどで、ゆっくり時間をかけて相手と親しくなる余裕があった。また見合い結婚も含めて、「職場」や「近所」に仲介者がいるなど、自然に出会える環境が整っていた

3　恋愛への憧れ

欧米や日本のテレビドラマや映画で「楽しい恋愛模様」が描かれ、自分もそのような恋愛結婚ができるのではとの期待があった。両親の仲がさほど良くなくても「見合い結婚だから」「自分は恋愛結婚で、仲良し夫婦になれる」と憧れを抱き続けられた

1については既にふれているので、「**2　出会いの容易性**」から見てみましょう。

結婚した夫婦の「出会ったきっかけ」に注目するだけでも、出会いがいまより容易だっただろうことが分かります（図表2-1、次ページ）。「職場や仕事で」の割合がピークを迎えたのは’92年（35・0％）で、私もこの直後、当時の職場（大手出版社）を通じて「いい人がいるよ」と紹介され、何度もお相手と1対1で、お見合いさながらの食事をしました。

いまの夫とは「旅先での出会い」による恋愛結婚ですが、もしそれまでに紹介された異性の誰かと結婚していれば、「仕事を通じて知り合った恋愛結婚」の認識だったでしょう。私の周りの女友達も、多くはそうした食事会を経験し、場合によると結婚まで至っていました。

顔見知りやお世話になった人の紹介となれば、「断ろうかな」と迷いが出ても、すぐには拒否しづらいものです。言葉は悪いですが、なんとなくズルズル結婚に至ったカップルも決して少なくなかったのではないでしょうか。

高度経済成長期に起きた変化

一方の「**3　恋愛への憧れ**」では、’50年代後半、当時の独身男女が「自由恋愛」への大き

図表2-1　夫と妻が知り合ったきっかけ・構成割合（推移）

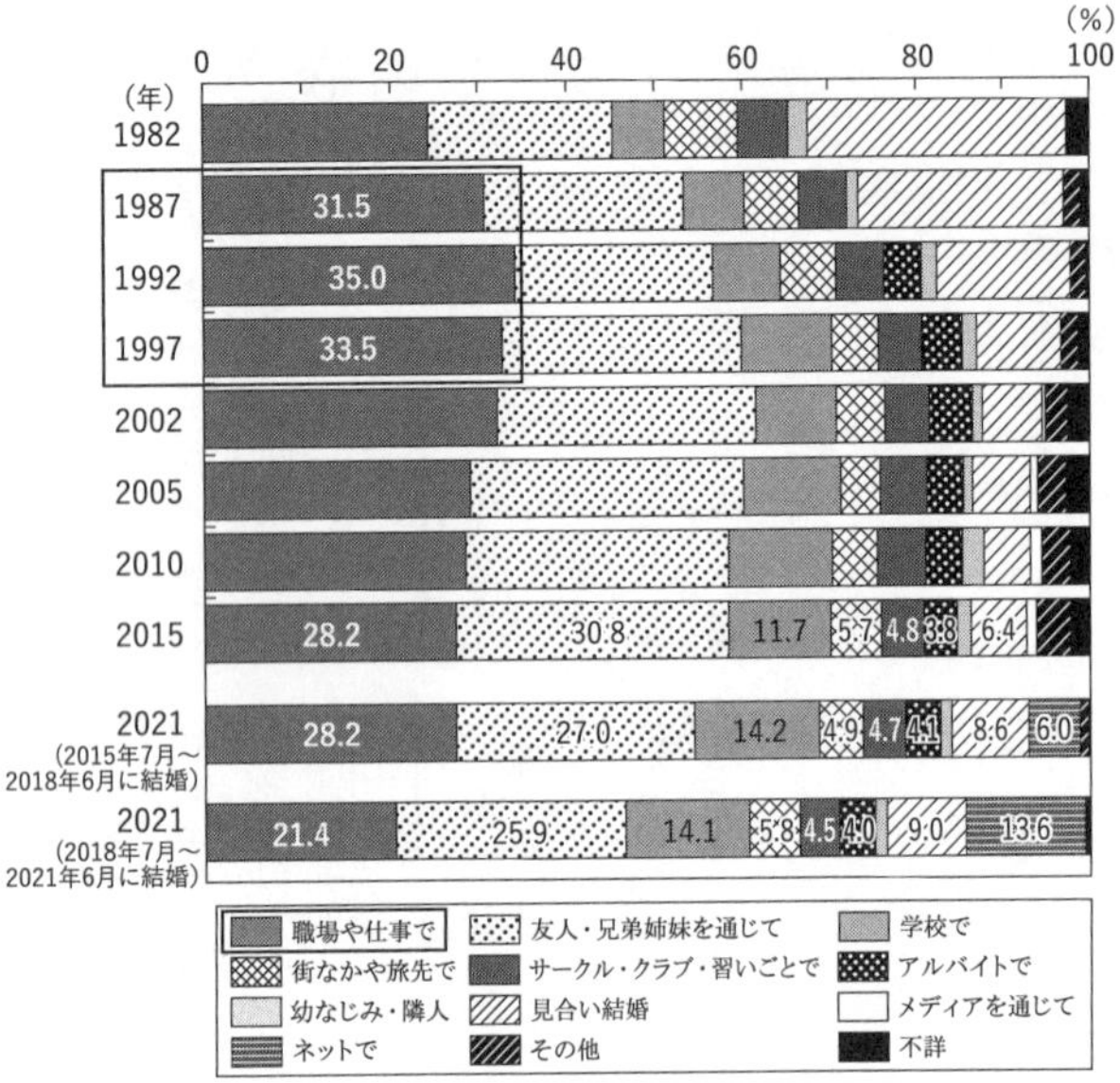

出所）2021年 国立社会保障・人口問題研究所「第16回出生動向基本調査」をもとに作成

な憧れを抱く出来事が起こりました。

　それが「テニスコートの恋」、現在の上皇陛下が、皇族出身ではない一般女性の美智子さま（現上皇后）と軽井沢のテニスコートで出会い、「テニスコートの恋（恋愛）を実らせた」として、'59年4月にご成婚されたのです（'19年 東京新聞、7月17日掲載）。

　当時を取材した元朝日新聞記者の佐伯晋氏によれば、実際にはいわゆる「自由恋愛」とは違った側面があったようですが（’12年「J-CASTニュース」ジェイ・キャスト、5月14日掲載）、それでも、当時はまだ恋愛より見合い結婚が主流だった時代です。独身男女の目には、こう映ったことでしょう。

「日本の皇族が、それも未来の天皇陛下が、親（天皇・皇后両陛下）が決めた相手ではなくご自身で選んだ庶民と、ご結婚されたんだ」。自分もいつか、あんな恋がしてみたい。自由に恋愛して結婚したい……。

’50年代後半といえば、第2次世界大戦の終結から10年以上が経過していた時代で、このころから’70年代前半までが、いわゆる「高度経済成長期」です。

’64年開催の東京オリンピックや’70年開催の大阪万博、そしてそれに伴う東海道新幹線や東名高速道路の開通といった大都市間の高速交通網の整備、第二次・第三次産業の急拡大は、東京や大阪で大量の働き手を必要としました。これに伴い、当時の10～20代男性は、地方の親元を出て都会に移り住むケースが急増します。大正9年（1920年）時点で、就労者人口の1割にも満たなかったサラリーマン（雇用者）は、高度経済成長期の前半（’59年）には5割を、同後半（’70年）には6割を超えました（総務省「労働力調査」）。

男性だけではありません。当時、企業は、都市に住む女性を「一般職」として大量に採用し始めました。通常は、男性より5割前後も低賃金で働かされましたが、それでもエレベーターガールやキーパンチャー、役員秘書などは「職場の華」とされ、結婚が決まるまでの腰掛けにと女性に人気だったようです（'65年 旧労働省「毎月勤労統計調査」）。

自由恋愛の先にあった「社内結婚」

こうなると、社内における男女の出会いも増えていきます。

'60年前後に公開された、小津安二郎監督の映画『彼岸花』や『秋日和』を見ても、同じ会社に勤める親族や職場の上司らが、「あの子にいいお相手はいないか」と画策し、「今度、二人でデートしたら?」など間接的に縁結び役を果たすシーンが登場します。

おそらく、単なる親切心だけではないでしょう。当時は終身雇用制が基本で、もし自分の部下や親族が、出世頭や役員の親族と結婚してくれれば、自分も派閥の一員になれたり、出世コースに乗れたりしたはずです。紹介される男性側も、上司や役員クラスに紹介された女性と結婚すれば、その後の出世の「約束手形」をもらえる可能性も高かったでしょう。

また、東京女子大学 現代教養学部の金野美奈子教授によると、高度経済成長期以降、多くの会社は福利厚生の一環として、社員旅行や宴会、スポーツチーム活動などを、積極的に組み込むようになったといいます。

「家族、とりわけ妻には、企業コミュニティにおける疑似成員の位置付けが与えられ、家族生活の場もまた企業コミュニティの一部となって」いきました（同［２０１７］「企業コミュニティと生活保障」『日本労働研究雑誌』労働政策研究・研修機構、９（６８６））。

つまり、未来の妻まで含めて「ファミリー」と見なすことで、男性社員の就労意欲や妻の奉仕意欲を高め、忠実な働き手、尽くし手として囲い込みたかったのでしょう。

このように、日本では戦後の高度経済成長期が、職場や家族、人付き合いを大きく変えていきました。故郷を離れ、いつの間にか「企業戦士」として社会の歯車化していく自分に対し、男性たちは「これでいいんだ」と、無理にみずからを納得させたのかもしれません。

その過程で重要な役割を果たしたのが、「自由恋愛」の先にある「社内（一種の政略）結婚」であり、そこで求められたのは、自分を仕事に集中させてくれる、未来の専業主婦たる女性だったのだと思います。

山田教授いわく、日本で「ロマンティック・ラブ・イデオロギー」が定着したのは、’70年代だといいます。こうして見てくると、ヨーロッパの産業革命と日本の高度経済成長期後の社会において、ロマンティック・ラブの概念が庶民に浸透していった背景には、なんとなく共通のニュアンスがあると思いませんか？

すなわち、「自由な恋愛を経て結婚したカップルにおいては、男性が働き蜂となって家庭の外で献身的に働き、女性は良妻賢母となって家族に献身的に尽くすべきである」。こうしたロジックの成立過程で、便利に機能したのが、自由恋愛への憧れや「ロマンティック・ラブ」であったように思えてならないのです。

「世間体」という圧力

もっとも’70年代まで、「恋愛と性（出産）」の結びつきについては、「結婚を前提としない限り、あり得ない」「汚らわしい」などと見られていたようです。

当時のテレビドラマでも、結婚前のカップルが、欲望に流されてセックスする（または、した後と思しき）シーンは、ほとんど描かれませんでした。’74年に放送された人気ドラマ『寺内貫太郎一家』（ＴＢＳ系／シリーズ1）でも、貫太郎の実母（ばあちゃん／のちの樹木希林）と新潟から上京してきたお手伝いの女の子（ミヨちゃん／浅田美代子）が、婚前交渉に関する週刊誌の記事を見て、「信じられない！」「はしたない！」と声をあげるシーンが描かれています。

現実には、当時も婚前交渉は行なわれていたはずです。それでも社会にはまだ「欲望に流される性は、はしたない」「あくまでも性は結婚後、生殖目的で行なわれるべきだ」との概念が残っていたのでしょう。

ようやく自由恋愛を叶える環境が整い、恋愛結婚も主流になり始め、若者たちは結婚前から、性的衝動を抑えにくくなった、しかしながら社会にはまだ「婚前交渉ははしたない」との概念が根強く、その衝動を「家族形成（結婚）に繋がるもの」とする必要が生じたのだと思われます。

そう考えると、ヨーロッパにおけるロマンティック・ラブが「キリスト教信仰の薄れ」などを背景に起こったのに対し、日本のそれは「世間体」という外的圧力によって起こった、と言えるかもしれません。

山田教授は「恋愛と結婚は、持続性などいくつかの点で相違はあるが、生殖という性交渉に関わる点では類似する」といいます。

ただし、のちにふれる通り、もともと恋愛と結婚は「水と油」とも言える関係性です。両者を一体化させるうえでは、結合の手前で次のようなプロセスが発生したと、山田教授は見ています（同・『近代家族のゆくえ』新曜社）。

1　まず、恋愛欲求を抱いても「結婚」に結びつかない限り、それは正しい恋愛ではない、結婚にふさわしい相手に抱く感情こそが恋愛なのだと規定する

2　すると、結婚にふさわしい相手との関係こそが、「正しい恋愛」だとして社会的に認められることになる

3　同時に、結婚にふさわしくない相手との関係は「偽物の恋愛」（ふしだら、不道徳など）として排除され、常に一人が恋愛対象となる

「ロマンティック・ラブ」は明治時代に輸入された

このように日本においても、半ば無理やりと言える形で成立した「ロマンティック・ラブ」ですが、概念自体は、明治・大正時代の日本においても、既に存在したようです。『純潔の近代』（慶應義塾大学出版会）などの著者で、慶應義塾大学経済学部のデビッド・ノッター教授は、ロマンティック・ラブの概念が日本に輸入された時期を「明治時代」だとしています（'12年「慶應塾生新聞」慶應塾生新聞会、7月14日掲載）。

言うまでもなく、この時代は「明治維新」が社会を大きく変えました。明治元年（1868年）、江戸幕府に変わって誕生した新政府は、近代国家形成に向けた多くの改革を行ない、

「ちょんまげ」など武士の身分を象徴するものの自由化を促しました。一方で民衆は、苗字を名乗り、居住地や職業、移動などに関する選択・決定の自由が認められました。

当時を生きた人々は、まさに革命的な社会変化を体感したことでしょう。

一方で、それまで村落や家単位に委ねてきた「結婚」は、明治31年の「明治民法」公布によって、国家としての法制度の中に組み込まれていくことになります。また、このころ経済や技術革新も、異性との出会いや結婚を変えていきました。

たとえば、明治17年、東京・日本橋に「渡辺結婚媒介所」が出現し、仲人が「高砂業《たかさごぎょう》」というプロの職業として定着しました（中山太郎『日本婚姻史』春陽堂ほか）。明治２年、長崎で実用化された「活版印刷技術」も、明治10年までにほぼ全国に普及しました。明治15年以降、活版の資材が安定的に安くなると、庶民は様々な情報にふれられるようになります（凸版印刷サイト「印刷博物館」ほか）。

その一つが、見合いに向けて略歴や希望条件を掲載できる「結婚広告」であり、西洋文化にふれられる「書籍」でした。このころ、本章の冒頭でふれた詩人・北村透谷が、著書『厭世詩家と女性』において、今日の恋愛結婚に繋がる流れを打ち出したのです。

透谷はニューイングランドの思想に影響を受け、西洋の「ＬＯＶＥ」という言葉を初めて

「恋愛」と解釈し、人間の最高価値は恋愛だと唱えました。同時に、彼はキリスト教信者でもあり、「純潔（処女）」の価値を訴えてもいました。

彼が著書で披露し、多くの作家たちに影響を与え、のちの「恋愛至上主義」にも繋がったフレーズが、「恋愛は人世の秘鑰《ひやく》なり、恋愛ありて後《のち》人世あり」です。

自由恋愛のリスク

その後、明治から大正時代にかけて、恋愛はさらに開かれたものになっていきます。

その代表が「大正ロマン」。代表的な文化人は、小説家の有島武郎や劇作家の島村抱月、女優の松井須磨子、詩人の北原白秋、画家の竹久夢二など、錚々たるメンバーでした。

明治34年、のちの夫・鉄幹との不倫を貫き、妻からの略奪婚を成就させた歌人・与謝野晶子が詠んだ『みだれ髪』も、大いに話題となりました。

——柔肌の熱き血潮に触れもみで　寂しからずや　道を説く君
その情熱的な詩は、独身男女に恋愛への憧れを呼んだ半面、社会的には「不道徳だ」と糾弾されました。確かに鉄幹との逢瀬の描写は、当時には刺激的すぎたのでしょう。

ノッター教授は、当時の日本に、「女性に対する『純潔（処女性）』への価値付与があった」といいます（同『純潔の近代』）。透谷が傾倒する、キリスト教の影響もあったでしょう。

そして大正時代、それまで羨望の的だった自由恋愛が、試練の時期を迎えます。

まず大正ロマンを彩った文化人たちが、恋愛によって数々の悲劇の道をたどりました。たとえば、有島は女性生活誌『婦人公論』の記者と心中、須磨子は抱月の後を追って自殺、白秋は人妻との姦通罪で告訴され、夢二は同棲中のお葉が恋路に悩んで自殺未遂、といった具合です。

つまり「恋愛こそが人間の最高価値」だとするロマンティック・ラブの概念も、現実には多くの文化人の間で、失踪や心中、自殺や薬物依存、自傷行為などを招いたのです。

このころ一般庶民の間でも、意図せぬ妊娠や性犯罪、結婚詐欺などが増え、自由恋愛のリスクが次々と露呈したとされています。

当時は、避妊技術が未熟で、政府も（富国強兵などの理由もあって）中絶を禁止していたようですが、「意図せぬ妊娠に対処しよう」と、大規模な堕胎手術を行なっていた医院や製薬会社もあり、一部は摘発されたようです（１９２６年「朝日年鑑」朝日新聞社）。

いつの世も、自由はリスクと隣り合わせです。当時、前衛的とされた『婦人公論』も、

「恋愛結婚は賞賛すべきものであり、そのための男女交際は必要である」と位置づけながらも、一方では「情熱的な恋愛や男女交際は、危険である」といったジレンマを綴っていました。

結婚、出産、そして戦争

当時の前衛的な若者たちは、おそらくこう思ったことでしょう。

「せっかく明治維新によって身分制度が廃止され、西洋文化を取り入れた新時代が幕を開けたのに、このまま古い時代に逆戻りして欲しくはない」

そんななか、大正11年（1922年）、歴史的な大ヒット作が生まれます。

それが、〝Love is best〟で始まる『近代の恋愛観』です。著者は、スウェーデンの女性思想家エレン・ケイの影響を受けたとされる、英文学者の厨川白村《くりやがわはくそん》でした。

彼は恋愛至上主義を唱え、恋愛のない見合い結婚は「売春結婚」で「畜生道」にすぎないと非難しました（過激ですね）。同時に、恋愛は「悠久永遠の生命の力がこもる」もので、精神的な情熱こそがすべてであると解釈し、肉体的な恋愛を否定しました。

つまり、白村がいう恋愛も、「出産」とは明確に切り離されていたのです。

またもう一人、当時の恋愛観に大きな影響を与えたのが、思想家の平塚らいてうです。彼女が雑誌『青鞜』で訴えたフレーズは、多くの皆さんがご存じですよね。

――元始、女性は実に太陽（筆者注：自ら光輝く存在）であった（中略）。今、女性は月（筆者注：男性がいなければ輝けない存在）である。

世間的に自由恋愛への憧れが高まったとはいえ、現実に「恋愛結婚」を成就できるのは、透谷などほんのひと握りだけでした（その透谷も、結局は恋愛結婚に幻滅したわけですが）。また明治民法も、結婚年齢とは別に「男性30歳、女性は25歳になるまで、（結婚に対する）父母の同意が必要」だとしていました。とくに女性は、女学校で一定の学問を身につけていても、親が決めた先に嫁入りするのが当たり前でした。

そんななか、らいてうは作家・森田草平（夏目漱石の門下生）と心中未遂事件を起こしたり、画家志望で3歳年下の奥村博史と夫婦別姓で事実婚をしたりと、まさに自由恋愛に生き、時代の先端を行く女性として君臨したのです（'21年「コスモポリタン」ハースト婦人画報社、7月17日掲載ほか）。

ところが、らいてうの女性解放運動や、白村が提唱した恋愛至上主義は、結果的に、恋愛より「結婚・出産」を重視し、「出産のための性」を見据えた三位一体化へと向かっていくことになります。

最大の要因は、相次いだ「戦争」でしょう。’39年、旧厚生省が発表した「結婚十訓」（「産めよ殖やせよ」ほか）に象徴されるように、戦争は大量の兵力（若い兵士）を必要としました。結婚・出産は、マンパワー確保のために、欠かせなかったのです。

都合がよかった「情熱恋愛」

一方で、戦時中、戦地に向かう男性兵士からすれば、「自宅や地元に残した妻や恋人が、自由恋愛を口実に、誰かと浮気するかもしれない」となれば、お国を守る戦いに集中しにくいはずです。日本社会は、国威発揚のためにも、厳格な性の道徳教育のもと、自由恋愛をある程度、戒めなければならなかったのでしょう（加藤秀一『〈恋愛結婚〉は何をもたらしたか』ちくま新書）。

半面、社会に自由恋愛の気運が高まっていたのは、周知の通りです。そこで明治・大正時代に重点が置かれたのは、「教養ある男女が、あくまでも『純潔』を毀《き》損することなく、互いに人格を高め合うために男女交際をし、幸せな家庭の実現を目的に結婚する『友愛結婚』の視点だった」と、ノッター教授はいいます。

実は１９１８年ごろ、らいてうと与謝野晶子らとの間では「母性保護論争」が起こっていました。主たるテーマは「女性の育児と就労は両立できるか」。

らいてうが「妊娠・出産・育児期の女性は、国家によって保護されるべき」だと唱えたのに対し、晶子はそうした考え方を「形を変えた、新たな良妻賢母思想にすぎない」と見ており、母性中心の発想は女性解放を妨げかねない、と説きました。

そこへ割って入ったのが、女性運動家の山田わかです。彼女は先の思想家エレン・ケイらの影響を受け、「就労しない『家庭婦人（専業主婦）』も家庭内で働いているのだから、誇りを持つべき」だと主張しました。専業主婦を「仕事（就業）」と捉えることで、いわば良妻賢母と女性解放の中立を図った格好です。

そして１９２２年、先の白村による著書『近代の恋愛観』が登場します。

既述の通り、彼が唱えた精神中心の「情熱恋愛」は、性的欲求と切り離され、女性を肉体的に傷つけにくいものでした。また、「恋愛の先に結婚があり、結婚後の母性と生殖こそ価値が高い」とする彼の主張は、当時の国家の風紀を守り、人口増加にも寄与すると考えられ、何かと都合がよかったのかもしれません。

「純潔」を重視した日本社会

ノッター教授によれば、20世紀のアメリカでも「純潔」を重視する風潮はあったようです。「dating（デーティング）」、すなわち複数の異性とまず食事など軽いデートをしてから真剣な交際を考える恋愛手法が普及したのも（キチンと相手を見定めるまでセックスしない前提であり）、『純潔』と共存しやすかったから」だといいます。

一方で、当時の日本では「男女交際そのものが、純潔を脅かすものだと危険視されていたのではないか」、結果として性交渉などを排除した「清潔なる男女交際」が尊ばれ、それに基づく恋愛結婚、すなわち「恋愛の先に結婚があり、その先に生殖目的の性行為がある」というロジックが成り立っていったのではないか、とノッター教授はいいます（同「２０００」「男女交際・コートシップ：『純潔』の日米比較社会史」『京都大学大学院 教育学研究科紀要』46）。

こうした「純潔」との関わりから見ると、欧米や日本において、恋愛を「結婚や出産（生殖）と三位一体であるべき」とするロマンティック・ラブの思想が定着したのは、「セックス」の正当化、すなわち「性は汚いものでなく尊いもの」「幸せな家族や家庭の実現に欠かせないもの」だと定義するためだったのではないか、とも思えます。

ところが、そんな純潔偏重とも言える日本社会も、かつては混浴が一般的で、女性も含めて「性」に大らかだったようなのです（小谷朋弘［2012］「明治前期の高離婚率と社会統制：離婚動向の法社会学的解読」『やまぐち地域社会研究』山口地域社会学会、10）。

そこでこのあと、「古代〜江戸時代まで」を振り返り、かつての日本が恋愛や結婚、性をどのように捉えていたのか探ってみます。

（2）古代〜江戸時代まで

性に大らかだった日本社会

まず縄文〜弥生時代ですが、『魏志倭人伝』や複数の遺跡発掘調査などによれば、当時の人々は狩猟や採集、栽培などをおもな生業とし、15〜20人程度の小集団で暮らしていたようです。既に「結婚」に近い概念が存在していたのではないか、とする見方もありますが、明確な記録が残っておらず、定かではないとも言われます。

今日の結婚に近い概念が登場したのは、奈良時代（710〜794年）でしょう。

川村学園女子大学の梅村恵子名誉教授によれば、このころ「妻問い婚」、すなわち夜ごと男性が女性のもとを訪れるものの、共に暮らさないといった「別居婚」が存在していた可能性がある、とのこと（'07年「Consultant―古代都市―奈良時代の家族と結婚」Ｖｏｌ．２３７、建設コンサルタンツ協会）。また『万葉集』の歌の中には、おもに男性が女性の寝床に侵入して性交渉に及ぶ「夜《よ》這《ば》い」が、このころから既に普及していたように思える歌もあります。

続く平安時代。ここからは当時の日本人が、いかに恋愛や性交渉に大らかであったかが、多くの書物などから読み取れます。

歴史家で作家の加来耕三氏は、あるラジオ番組でご一緒した際、「平安時代は男女が『集団お見合い』を行ない、気に入ったら妻の自宅を訪ねて性交渉に及ぶケースが多かった」と教えてくれました（'15年「すっぴん！」ＮＨＫラジオ第一、6月24日放送）。

加来氏がいう集団お見合いとは、月明かりのない闇夜、男女がお見合い場所に集まり、歌を詠み合って互いの気を惹こうとするイベントです。

薄暗いため、美女やイケメンでも顔が売りにはならず、当時は「いかに教養を蓄えて、心に響く和歌を詠めるか」がモテのポイントだった、とのこと。「こう書けば女を落とせる」などと指南する、専用の虎の巻まであったそうです。

その後、互いに気に入れば、さっそく愛を確かめ合う性交渉の段階へと入ります。

入口は、男性が女性の自宅を訪ねる「夜這い（通い婚）」のみで、「決定権は女性にあった」と加来氏。運命の初夜、男性は朝、鶏が鳴くまでの長い時間、女性を飽きさせないようにあの手この手で振舞わねばならなかったそうです。相当なプレッシャーだったでしょう。しかも首尾よく気に入られ、「3日目」の夜這いまで許されなければ、結婚は成立しなかったといいます。当時は結婚後、男性が婿入りし、その衣食住を妻の実家が負担する「婿取り婚」が基本だったため、女性の側が決定権を有していたのだと思います。

一方、ここでハッと気づくのは、女性も結婚前の「婚前」から、複数の男性の夜這いを受け入れていた可能性が高いことです。

歴史学者の関口裕子氏によれば、「当時の男女関係は気の向く間だけ継続され、男性は女性の性を一人で独占しなかったと考えられる」といいます（同『日本古代家族史の研究』塙書房）。つまり貞操観念は極めて曖昧で、その過程で妊娠して「誰の子か分からない」という状況も、たびたびあったでしょう。

また、平安時代の貴族は一夫一妻制だったため、平安のモテ男・藤原道長のように、行きずりの恋を楽しむケースも少なくなかったようです（工藤重矩『源氏物語の結婚』中公新書）。

鎌倉時代以降は「嫁入り婚」

こうした大らかさが、少しずつ揺らいでいったのが鎌倉時代、武士の世からです。

ご存じの通り、鎌倉時代の武士は「男が家を継ぐ」のが一般的で、家督を相続する以上、男性は結婚後も実家を離れられませんでした。

そこで婿取り婚に代わって主流になっていったのが、「嫁入り婚」です。これ以降、明治時代に入るまで、圧倒的多数は嫁入り婚が占めていたと見られます。

また、この結婚形態を「結果的に、女性の地位を低下させることに繋がった」とする研究者も少なくありません。とくに有力な武士や貴族の家庭では、親の政治的な計算が色濃く反映される「政略結婚」へと様変わりし、「女性は政略結婚の道具にされ、男性の所有物となり、財産まで夫とその実家が握ることになった」とも見られています（『山川 日本史小辞典（改訂新版）』山川出版社ほか）。

また、鎌倉時代は『御成敗式目』によって、不義密通（不倫）に関する処罰が規定された時代でもあります。これもまた、「妻が生んだ子が誰の子か分からない」といった血の混乱を防ぐためでしょう。

もっとも、一方の夫たちは、相手が既婚女性でない限り、不倫を堂々と認められていたようです。この時代は「親」や「家」が結婚の主体となり、「恋愛は結婚した後にすればいい、との割り切りが定着した」と加来氏。結婚前から、男女が和歌や夜這いで相手の気を惹こう、などロマンティックな気分を楽しんだ平安時代の気運は、影を潜めてしまったようです。

その後の室町時代は、応仁の乱をはじめ、下剋上の気運が高まり、社会秩序が崩壊する傾向にありました。そこで幕府は「乱世匡済《きょうさい》」のために、礼道を重視して「嫁入り婚」を後押しした、とみられています（今井重男［2014］「近代婚礼創作とブライダル・ビジネスの源流」『千葉商大論叢』千葉商科大学国府台学会、52（1））。

江戸時代も、武士の家では「家父長制」が強まり、家を中心に婚姻を取り決める「嫁入り婚」が中心でした。江戸後期には、いわゆる仲人の存在が広く定着し、現代の見合い結婚に近い形態が全国に広がる一方で、結婚後の不義密通にもさらに厳しくなりました。これも、跡取りが浮気相手の子では困るからでしょう。お岩さんで知られる「四谷怪談」で、お岩が間男と密通したとの罪（冤罪）で戸板に打ち付けられるシーンも、その象徴です。

「夜這い」の復活と「大独身時代」

ところが庶民においては、恋愛や性に大らかで、女性も比較的自立していたと考えられています。

たとえば鎌倉時代、庶民の女性は職や所領を所有していたと考えられ、一部の夫婦は、互いを対等に近い「縁友《えんども》」と称していたそうです。

また、中世末の状況を示す『日欧文化比較』において、宣教師ルイス・フロイスは、「日本では、しばしば妻が夫を離別する」と、当時の妻が離婚を言い出せた様子を記すと共に「(16世紀日本の)女性は純潔を重んじない」と、性に奔放な女性たちに言及しています(同『ヨーロッパ文化と日本文化』岩波文庫)。

そして江戸時代、人口の大多数を占めた農漁村の庶民の間では、再びあの「夜這い」が復活しました。民俗学者の赤松啓介氏は、その理由について、「その前の戦国時代、多くの死傷者が出るなどして、村落共同体ではその存続が難しくなったためではないか」と分析します。とくに農業が主流の村社会では、村が一丸となって若者の結婚・子作りを後押ししなければマンパワーが確保できず、村の存続が危ういと考えたのではないかといいます(同『夜這いの民俗学・夜這いの性愛論』ちくま学芸文庫)。

そんな当時の村社会では、大人が力を合わせて、若い衆の「筆下ろしや水揚げ（童貞や処女を奪う行為）」、すなわち今日でいう恋活支援や性教育を手伝ったとのこと。女性にも拒否権はあったようですが、こうした甲斐あって、農村部はほぼ皆婚状態だったそうです。

他方、都市部では対照的に「大独身時代」を迎えていました。

享保6年（１７２１年）の人口調査によれば、当時、江戸の人口（町人）の男女比は、男性１００に対し女性55と、圧倒的な男性過多社会でした。こうしたアンバランスは、生活水準の低下を恐れて女児を中心に「間引き」が行なわれただろうことや、男性（おもに長男以外）が田舎から単身で奉公や出稼ぎに来るケースが多かったためだろう、と言われています（'06年　参議院第三特別調査室「歴史的に見た日本の人口と家族」）。

男余り現象の中、江戸末期の男性（16〜60歳）の未婚率は5割にも達し、とくに出稼ぎが主流の若者たちは、跡継ぎにもならないフリーターが圧倒的に多かったようです。

もっとも、歴史作家の堀江宏樹氏によれば、男性のおひとりさまは独身仲間とワイワイ、長屋でそれなりに楽しく暮らしていたようでもあります（'14年　マイナビ「マイナビウーマン」11月28日掲載）。

日本は世界的な離婚大国だった

また、国際日本文化研究センター研究部のタイモン・スクリーチ教授は、「この時代、江戸の町が独身男（セリバ）で溢れたからこそ、春画（性風俗画）や遊郭が栄え、男色も当たり前だった」といいます。

春画は、いまでいう「ＡＶ（アダルトビデオ）」さながらですが、れっきとした江戸の大人文化でした。ご存じのように、葛飾北斎や歌川広重など著名な浮世絵師も春画を手掛け、ケースバイケースで「色」や「鉄棒」といった卑猥な文字を入れた屋号を名乗っていたといいます（同『春画』講談社学術文庫）。

街中でのナンパも多かったようで、女性も結婚までは「恋愛と結婚は別」と割り切り、誘いにのったり遊んだりする様子が目立っていた、とのこと。経済的に許せば、歌舞伎役者など好みのイケメンを買って一夜を共にする「役者買い」まであったそうです。

のちに禁止された「混浴」文化も、江戸の街中にはまだ存在していました。風紀の紊乱《びんらん》を防ごうと、風呂屋には何度も「別浴」推奨のおふれが出されましたが、それでも体を洗うサービスを提供する女性（湯女《ゆな》）を抱えるなど、売春の場と化す銭湯もあったようです（'21年

「Japaaan」ワノコト、7月27日掲載ほか）。

一方で、吉原での高級遊女の「揚げ代（遊女や芸妓などを呼んで遊興する際の代金）」が、現在の貨幣価値で1回15万円程度と高額だったことからも、当時は、「恋は誰にでも手に入るものではない、究極の贅沢品」とも見られていたようです（堀江宏樹『三大遊郭』幻冬舎新書）。

このように、江戸時代は街中において、色恋や贅沢な遊び、乱れた性風俗が横行すると共に、自由奔放な性や恋愛に紐づく新たな文化が生まれていきました。

半面、社会学者でお茶の水女子大学の湯沢雍彦《やすひこ》名誉教授によれば、この時代の結婚生活には暗雲が立ち込め、「離婚」が約4割にものぼっていた、とのこと。その後も明治初期まで、日本は世界的な離婚大国だったそうです（同『明治の結婚　明治の離婚』角川選書）。

そして明治中期、こうした状況を一変させたのが、先の「明治民法」だったのです。

この法に基づいて「結婚保護政策」がとられると、庶民の結婚も「家父長制」に取り込まれ、妻の経済的自立（夫婦別財）や離婚の自由は奪われることになりました。女性にとって「結婚しない」との選択肢はほぼなくなりましたが、お見合いというマッチングシステムの確立によって、婚姻や出生数は右肩上がりで増え続けました。また、「新律綱領」という刑法典の領布によって、いわゆる〃お妾さん〃も妻と同等の地位に押し上げられることとなり（一夫多妻）、彼女たちも「家」の跡取りを産み育てやすい環境が整ったのです。

「国民皆婚」時代と家制度

そして大正時代になると、「国民皆婚」時代に突入し、大正14年（1925年）には50歳までに結婚を経験しない男女が、いずれも2％を切りました。つまり98％以上が、一度は誰かと結婚するようになったのです（'22年 国立社会保障・人口問題研究所「人口統計資料集」）。その後、日本が相次ぐ戦争のなかで、国家への忠義や「産めよ殖やせよ」政策を推し進めていったのは、既述の通りです。

裏では、女性たちが強制的な見合いや「家制度」による改名を強いられ、財産を没収されていきました。明らかな男女不平等であり、こうした体制からの解放を目指したのが、まさに平塚らいてうや与謝野晶子らだったのでしょう。

ところが彼女たちの思いや、北村透谷、厨川白村らが唱えた恋愛至上主義は、やがて母性や「幸せな家族」を前面に押し出した「ロマンティック・ラブ・イデオロギー」へと包括されていきました。日本においても、恋愛・結婚・出産（性）の三位一体化は、多分に国や

「大人の事情」によって、半ば強引に形成されていったのです。

2・3　細く長く続く「共創」という感情

寛容さが失われる現代日本

以上、改めて振り返ると、日本は江戸時代～明治初期にかけて、男女とも性や恋愛にかなり奔放だったことが分かります。

反論を恐れずに言いますが、現代において「多産」を奨励するのであれば、「一夫一婦制自体を見直すべき」や「不倫や、ひとりで産んで（作って）育てる『シングルマザー（ファーザー）』に、もう少し寛容になっても良いのではないか」との視点もあるはずです。

私自身は、テレビ局のプロデューサーだった父があまりに浮気者で、母と共に子どものころから苦しんできたので、どちらかといえば「不倫、許すまじ」の立場です。

ですが、もし男性側に複数の妻子を養う財力があり、かつ女性の側も「お金さえくれれば、私がひとりで育てるから」と割り切るのであれば（子どもは、多少なりとも傷つくと思いますが）、「養子縁組」制度の強化も含め、再考の余地はあると思います。もちろん、女性側に十分な経済力があり、最初からひとりで育てようとするケースも、今後増えてくるでしょう。

社会学者で東京大学の上野千鶴子名誉教授は、ある出版記念講演会で、「私は、不倫しないでいられる、ということのほうが理解できない」と発言しました（'16年「東洋経済オンライン」東洋経済新報社、９月９日掲載）。

彼女が考える結婚の定義は、「自分の身体の性的使用権を、特定の唯一の異性に、生涯にわたって、排他的に譲渡する契約のこと」。

さすが、日本を代表するフェミニズムの牽引役だからこその潔い発言ですが、上野教授の考えに逆行し、過剰な「不倫叩き」に走っているのが、令和のいまではないでしょうか。

メディアコンサルタントの境治氏によれば、'14〜'15年に年間20〜30時間だったテレビ局の不倫報道は、その後、タレントのベッキーさんが「ゲス不倫」として叩かれた'16年に、年間１７０時間に急増し、'17年も8月までに１２０時間を超えた、とのこと（'18年「ＹＡＨＯＯ！ＪＡＰＡＮニュース」１月26日掲載）。

'16年といえば、「文春砲」が流行語になった年です。この年以降、週刊誌の記事は一段と拡散力を持つようになりました。発売当日かその前後に、系列のネット記事にも一部が掲載され、ＳＮＳで広がるようになったからでしょう。'23年に世間を賑わせた、女優・広末涼子氏と有名シェフ・鳥羽周作氏のＷ不倫なども、「週刊誌系ネット記事に掲載→ＳＮＳにて拡散→テレビ報道」といった流れで一気にヒートアップしたと考えられます。

ロマンティック・ラブは幻想にすぎない

過剰な不倫叩きは、若者に少なからず「恋愛は愚かなもの」との印象を与えます。また広末氏のＷ不倫騒動を見て、Ｚ世代の男女は口々に、次のような声を上げました。

「自分には（夫唱婦随の）自信がない」「結婚しても、人を好きになっちゃう可能性はある」「私（僕）って恋愛体質だから、結婚には向いていないんじゃないか」。恋愛意欲や交際経験のない男女までが、そうして悩んでいるのです。

告白しますが、私が子どもを産まなかった理由の一つは、父が浮気者だったからです。

「もしかすると自分も父のように、結婚した後にパートナーを裏切って、誰かと恋に溺れるかもしれない。だったらせめて、万が一の際にも子どもを悲しませずに離婚できるように、子どもを産むのはやめておこう」……。

幸い（残念ながら?）、結婚後に恋に落ちるような相手には出会いませんでしたが、世間による過剰な不倫叩きや「結婚後に恋愛するなど、とんでもない」との風潮が、若者の結婚（出産）意欲にブレーキをかけている可能性があります。少なくとも、「恋愛に流されるような人間は、結婚には向かない」など、恋愛と結婚の相性の悪さを露見させたのは確かでしょう。

そうだとすれば令和のいま、相変わらず「恋愛しなければ結婚できない」と、恋愛と結婚を同質化して唱え続けるのは、なおさら無理があるのではないでしょうか。

既述の通り、「そもそもロマンティック・ラブ・イデオロギーは、'90年代初めに機能不全に陥っていた可能性が高い」とみるのは、山田教授です。

'92年、山田教授が発表した研究論文によれば、18～21歳の男女の9割以上に異性の友人がいたほか、約6割に「恋人ではないがデートする友人」がいた、とのこと。つまり、「お互いに恋人とは認識していなくても、心を通わせたり、デートしたりしてもよい」と感じる男女が、既に6割程度いたわけで、少なくともこのころには恋愛と結婚・出産の三位一体化が崩れていたと考えられるでしょう。

上野教授に至っては、ロマンティック・ラブを「初めから幻想だった」と見ているようです。いわく、多くの人はドラマや漫画で「結婚とはこうあるべき」と洗脳されているかもしれない、でも長い歴史上、恋愛と結婚と生殖（出産）が3つ揃うことなど、めったにありはしなかった、とのこと。「（ロマンティック・ラブは）最初から一致するはずのないものを、無理やり一致させようとする、凄技のトリックだった」ともいいます（'18年「Oggi.jp」小学館、1月2日掲載ほか）。

恋愛は「面倒な受験勉強」に成り下がった

本章でみてきた、平安時代の夜這いや、江戸時代の庶民の奔放な色恋からも分かるように、恋愛とは（ときに、疲れたり傷ついたりすることはあっても）本来、ワクワク胸躍る、楽しい行為である（あった）はずです。

ところが明治時代、半ば無理やり「結婚」や「生殖目的の性（出産）」と結びつけられ、さらに'60～'80年代、母性や良妻賢母思想、あるいは「男が妻子を養うべき」という家父長制さながらの思考と〝一体化した（と認識された）〟ことで、恋愛は自由や楽しさを失い、結婚前にくぐらねばならない「関門」のような存在になってしまいました。

いわば、第1章でふれた「入学のための面倒な受験勉強」に成り下がった、とも言えるでしょう。そのせいで、楽しいはずの学び（恋愛）は魅力を失い、いまは入学（結婚）そのものに対する意欲も、徐々に薄れつつあるのです。

今回私も、ロマンティック・ラブの歴史を辿り、改めて気づきました。

三位一体の概念は、ヨーロッパでも日本でも、女性（妻）たちを家庭に縛り付け、男性（夫）たちに跡継ぎや働き蜂を強いるためのものだったのだと。だからこそ、女性たちが「経済力」を求められ、男性たちが「家事・育児の能力や協力」を期待される令和のいま、三者を結びつけることに無理が生じ、機能しなくなっているのでしょう。

次章で詳しくふれますが、そもそも恋愛は、脳に多大な負担をかけ、脳内麻薬とも言われる物質を放出させて中毒症状まで発生させる、一種の「病気」です。古代ギリシア人や12～13世紀のフランスの人たちは、その病いが現実の「社会（結婚）生活」と相容れないと気づいていたからこそ、あえて結婚や出産と切り離し、プラトニックや想像の世界に留め、思い切り理想化したのではないでしょうか。

ストレス社会と言われる令和のいま、若者たちが恋愛を「疲れる」や「面倒」「重い」と捉える理由も、よく分かります。また、こうした現象は日本だけではなく、近年のアメリカでも起きているようなのです。

「愛の三角理論」と「愛の2段階理論」

その可能性を示唆するのが、アメリカの心理学者ロバート・スタンバーグ氏による、「愛の三角理論」（図表2-2、次ページ）を用いた調査研究と、同じく心理学者のエレン・バーシャイド氏とエレイン・ウォルスター氏が提唱した「愛の2段階理論」などです。

「愛の三角理論」における三角形の頂点は、それぞれ愛における重要な3項目、すなわち、「1　**親密性（親しみや愛着）**」「2　**コミットメント（冷静な意思決定や判断）**」、そして「3　**情熱（熱意や興奮）**」から成ります。スタンバーグ氏は、この3要素が、対象となるパートナー両者の関係性にどの程度含まれるのかによって、十人十色の「愛情の姿」を表現することができると考えました。

臨床心理士で法政大学文学部の越智啓太教授によれば、一方の「愛の2段階理論」の2段階は「ア　**passionate love（情熱的な恋愛）**」と「イ　**companionate love（友愛型の恋愛）**」の2つで、通常は「『ア』が成立したのち、時間を経るごとに『イ』に変化していくもの」だとされていたそうです（同『恋愛の科学』実務教育出版）。

ところが近年、若者たちが、ア、すなわち第一段階の「情熱的な恋愛」を好まなくなって

図表2-2　スタンバーグの「愛の三角理論」の類図

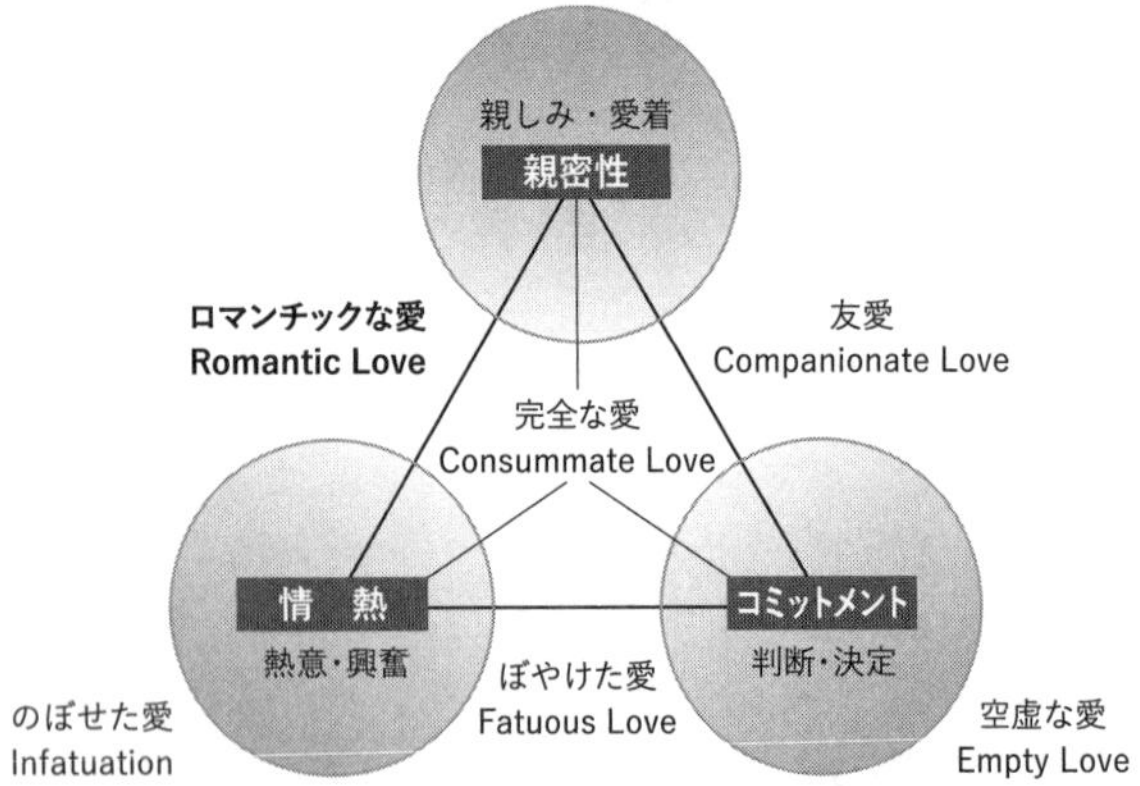

出所）Robert Sternberg[1986] *A triangular theory of love,* Psychological Review, 93(2)、『イラストレート恋愛心理学』（誠信書房／齊藤勇 編著）などをもとに作成

いるようだ、と越智教授。実はアメリカの若者も似た傾向にあるそうです。また、先の三角理論においても、日本の若者たち（男女）が求めるものは、総じて「１**親密性**」が最も多く、次いで「２**コミットメント**」、最も少ないニーズが「３**情熱**」だといいます。

どちらかといえば、日本より「肉食系」のイメージが強いアメリカの若者たちが、「情熱」をあまり好まないのは意外にも思えますが、実は理に適っています。なぜなら、情熱系の恋愛は疲れるだけでなく、長続きする傾向が弱いようなのです。

イギリス在住の男女１万６０００人以

上を対象にした調査研究も、その可能性を示します。越智教授によれば、この調査で、先のスタンバーグ氏の恋愛尺度と、最もポピュラーな性格テスト（5因子性格検査）、そして交際中の異性との「恋愛の持続期間」を、関係分析（構造方程式モデリング）にかけたところ、恋愛関係の持続期間と、最も強い「正」の相関を示したのは「2 **コミットメント**」で、「3 **情熱**」はなんと「負」の相関関係にあった、つまり「情熱」の値が大きいほど、異性との関係は早く終結する可能性が高かったのです。

越智教授によると、アメリカの心理学者ヘンドリック夫妻の研究（'09年）においても、「近年のアメリカの大学生カップルが、交際相手を『恋人』より『よい友達』だと考える傾向にある」ことが示されているそうで、「日本の大学生も同様に、情熱があまり存在しない、友情に近い恋愛をしているのではないか」といいます。

情熱より「親密性」を、恋人より「よい友達」を

まさに私も、現在教鞭をとる大学院（立教大学大学院〈ＭＢＡ〉）や同大学の留学生と話していると、日本だけでないアジア、そして欧米の若者たちが、将来結婚を考えたいパートナーに対し、情熱より「親密性」を、また恋人より「よい友達」を求めているのではないか、

と感じるシーンが多々あります。

たとえば、あるフランス人とアメリカ人の大学生（男女）は、いずれも「恋人になった途端、相手にＳＮＳで監視されるのが嫌」だと言いました。また、中国人の大学院生（男性）は「付き合ったら（中国都市圏の文化として）絶対に奢らないとダメだし、そうなると対等な関係でなくなる」といいます。金銭的負担を避けたいというより、結婚後のことも考え、関係性に歪みを生じさせたくない、だからあえて恋愛関係にはならず、「仲の良い友達」でいたいというのです。

翻ってみれば、ノッター教授が指摘した通り、明治時代の日本で重点が置かれたのは、男女が互いに人格を高め合うために交際をし、幸せな家庭の実現を目的に結婚する、「友愛結婚」の視点でした。政府や社会がこれを重視した狙いは「大人の事情」にあったかもしれませんが、同時に一部の人は（少なくとも透谷らは）この時点で、既に結婚生活が、情熱的な恋愛や性的衝動とは相容れないのだと、気づいていたはずです。

ところがその後、相次ぐ戦争や高度経済成長、バブル景気に沸く時代のなかで、女性を家庭に縛り付け、男性を働き蜂化する、性別役割分業志向や「ロマンティック・ラブ」の思想が根付いていきました。その過程で、日本は欧米発の自由恋愛やエスコート文化を、歪んだ

（誤った）形で取り入れ、いつの間にか「告白は男性から」や、「交際すれば、女性は女らしく振舞うべき」といった概念に縛られてしまったのではないでしょうか。

山田教授が指摘するように、「ロマンティック・ラブ」は'90年代初めに、既に崩壊していたのです。あるいは上野教授が言うように、もともと幻想だったのかもしれません。

谷本教授は「そのこと（一旦「死んだ」こと）を認めないから、いままた「ロマンティック・マリッジ（結婚には恋愛が必要だ、との概念）」という名の〝ゾンビ〟が生き返り、なかなか殺せずにいる」といいます。

繰り返しますが、そろそろ私たち大人がロマンティック・ラブの形骸化を認め、結婚と恋愛を切り離し、「結婚に恋愛は要らない」と若者に伝えてあげませんか？

また結婚相手を決めかねている男女にも、「不要な『情熱』にこだわらず、互いを支え合える『よい友達』を探せばいいんだよ」と教えてあげませんか？

令和の結婚にとっては、打ち上げ花火のようにパッと咲いて数年で終わる情熱的な恋愛より、線香花火のようにわずかな光でも、友達のようなパートナーと共に、「どうすれば二人の火をともし続けられるか」と切磋琢磨し、細く長い関係性を創りあげていこうとする「共創」感情が重要です。

このあと、脳科学や進化人類学から見た、恋愛・結婚の成り立ちや関係性についてお読みいただければ、なぜ持続的な結婚にとって、情熱より「共創」や「コミットメント」が大切なのか、改めて理解していただけると思います。

私たち人類の先祖が、あるいは本能が、恋愛や性、結婚をどう捉え、どのように生活や人生に取り入れていったのか、続く第3章で詳しく見ていきましょう。

第3章

恋愛常識の落とし穴

3・1　愛はなぜ冷めるのか

前章では、ロマンティック・ラブ・イデオロギーの歴史的背景を見てきました。また、恋愛と結婚・出産（性）の結びつきは、せいぜい半世紀程度の歴史しかないのだから、令和のいま、無理にこの3つを三位一体化し続けるのは意味がないのでは、とも述べました。

では、生物の本能や進化過程から見ればどうなのでしょう。本章では、脳科学や進化人類学などの分野から、恋愛と結婚の結びつきが自然なのか否か、またそれぞれのルーツや本質はどこにあるのか、などについて見ていきたいと思います。

「恋愛3年説」の発端

「恋愛（感情）なんて、どうせ3〜4年しかもたないんですよね」

10年ほど前から、若者に恋愛について取材すると、かなりの確率でこう言われるようになりました。

こうした「恋愛3年説」の発端とされるのは、人類学者ヘレン・フィッシャー氏によるべストセラー『愛はなぜ終わるのか』（草思社）でしょう。

フィッシャー氏の研究目的は、人間の男女の「愛の揺らぎ」を知ることでした。そのため同僚と、１００人以上の脳を「ｆＭＲＩ（磁気共鳴機能画像法／脳の活動を調べる装置）」で調べたほか、１５００万人以上に、性格調査の質問リストに回答してもらったといいます。

彼女の報告によれば、恋に夢中になっている人は、「コカイン（薬物）でハイになる」ときと同じ脳の部位が活性化され、大量のドーパミンが放出されていた、とのこと。詳しくは後述しますが、フィッシャー氏自身も非常に驚いたそうです。

ただ、こうしたハイな状態は長く続かず、賞味期限は18か月～3年ほど。彼女が調べた実際の離婚件数からも、結婚4年目の離婚の多さが顕著だったといいます。

一体なぜ、恋愛感情は3年で冷めやすいのでしょうか。少しずつ見ていきましょう。

その前に、彼女の「恋愛3年説」が日本でも広く知られ始めた背景には、私が10年以上出演を続けるテレビ番組『ホンマでっか!?ＴＶ』（フジテレビ系）の影響もあるかもしれません。番組では毎回、私たちが明石家さんまさんを唸らせようと発言しますが、恋愛3年説はそこでも「いまさら」と受け取られるほど、何度も引用されるデータになりました。

この番組でもたびたびご一緒する、認知脳科学者で武蔵野学院大学 国際コミュニケーション学部の澤口俊之教授は、今回のインタビューの冒頭で「脳科学上、恋愛しない人が増えるのは当たり前なんです」と教えてくれました。

「脳は神経システム的にも、余分なコストがかかる『面倒』なことを避けたがります。それだけ恋愛は、原理的にみて非常に面倒な作業なのです」

ゆえに、その「面倒」を相殺するため、人類は快感を進化させてきたのだといいます。

恋愛と結婚は「混ぜるなキケン」

たとえば、私たちが普段、当たり前のように行なう「食事（採食）」についても、人を含めた多くの哺乳類にとって、実は「非常に面倒な作業」だと澤口教授はいいます。

だからこそ哺乳類は、おいしい物（とくに高カロリー食）を食べることを快感化するなど、神経伝達物質を進化させてきた、とのこと。恋愛と結びつきやすい性行為も、食性と同じく、快感用神経システムと脳内ホルモンという「快感系」が担うそうです。

快感はうまくコントロールできないと〝暴走〟する危険性も指摘されます。「物質系中毒」とされる薬物中毒やアルコール中毒、あるいは「行為系中毒」とされるギャンブル中毒や電子機器中毒（スマホ依存ほか）、そして性行為中毒も同様だといいます。

では恋愛はどうかといえば、「恋愛も、一般的には性行為を伴うケースが多く、快感が暴走すれば『恋愛中毒』と呼ばれる状態に陥りかねません」と澤口教授。

厳密に言えば、恋愛で得られる幸福感は「多幸感」と表現され、性行為のような快感そのものではないそうです。その多幸感を形成するのは、「快感（報酬）の予期」と「幸福感の予期」。ただ脳の領域において、恋愛の多幸感は性的快感とほぼ同じ反応を示すため、「恋愛と〝性〟を結びつけて考えることは、生物学的にさほど不自然ではない」といいます。

フィッシャー氏も、以前私がビジネス誌（『プレジデント』プレジデント社）上でインタビューした際、「恋愛とは、交配と生殖（子作り）から進化した3つのシステムのうちの1つである」と教えてくれました。つまり、恋愛と〝性〟は人類学的にも「同一ではないが、遠い存在でもない」ようです。

一方で、澤口教授は「他方の恋愛と〝結婚〟を同一線上で考えることこそ、問題だ」といいます。両者は「混ぜるなキケン」であり、混同するのは論外だとも言うのです。

いわく、結婚で得られる幸福感は、脳レベルでは幸福感用神経システムと脳内ホルモンが担い、先の快感系とはシステム上、大きく違う。言語上も、多くの科学者は、恋愛で得られる多幸感を「euphoria」、結婚で得られる幸福感を「happiness」と表現するなど明確に区別しており、happinessに関連する行為で中毒になることは、あり得ないそうです。

「そもそも幸福感は、安定したポジティブな感情であるうえ、そうした感情が高次脳機能（認知機能）と組み合わさった、比較的長期的な『認知的感情（強いて言えば、人生の充実感など）』です。その点でも、恋愛と結婚は異質なものなのです」（澤口教授）

離婚が一番多い時期は……

考えてみれば、日本の現在の結婚（婚姻）の基本である「一夫一婦制」は、原則として一対一のパートナーが持続的に家族を形成するシステムです。しかし、繁殖を考えれば、オスが魅力的で健康な複数のメスと恋に落ち、次々と性行為を行ない、数多くの遺伝子を後世に残すほうが効率的とも思われ、この点でも恋愛と結婚は、相容れないように見えます。

先のフィッシャー氏の「恋愛3年説」も、まさに繁殖戦略に基づく理論です。

すなわち、人間が恋愛感情を抱くのは、あくまでも「種の保存」を図るために進化させてきたＤＮＡの命令によるものである。遺伝子を数多く残すためには、一生一対を貫くより、ある時点で新しいパートナーを見つけたほうが〝合理的〟とも言える。ゆえに、特定のパートナーとの恋愛は3年で終わるよう、進化過程のある時期から、私たち人間の本能に刷り込まれている可能性がある、というのです。

国際連合（ＵＮ）の『人口統計年鑑』も、恋愛３年説を裏付けます。フィッシャー氏がこの統計を基に、世界62の国や地域、民族グループについて40年以上にわたって「離婚した時点での結婚年数」を調べたところ、なんと大多数が「結婚４年目」の離婚だったのです。

日本でも、２０２０年の離婚件数を同居期間別（5年ごと）にみると、圧倒的に多いのは「同居5年未満」の離婚で、全体（19・３万件／年）の３割以上（５・９万件／年）を占めています（'22年　厚生労働省「離婚に関する統計の概況」）。

なぜ、恋愛は「３～４年で冷める」のでしょうか。

秘密は、「脳内物質」にあるようです。フィッシャー氏らがｆＭＲＩで恋愛中にある人の脳の状態を調べたところ、活動の高まりが確認されたのが、中脳の報酬系領域「腹側《ふくそく》被蓋《ひがい》野《や》」（図表３‐１、次ページ）などでした。

この脳領域は〝原始的〟な脳に該当する部分で、このことからも初期の恋愛は、人間特有の「emotion（感情）」より、動物としての「impulse（欲求）」に近いのではないか、とみられるようです（Helen Fisher, et al. [2005], *Romantic love: An fMRI study of a neural mechanism*

図表 3 - 1　脳の構造と神経伝達物質の一例

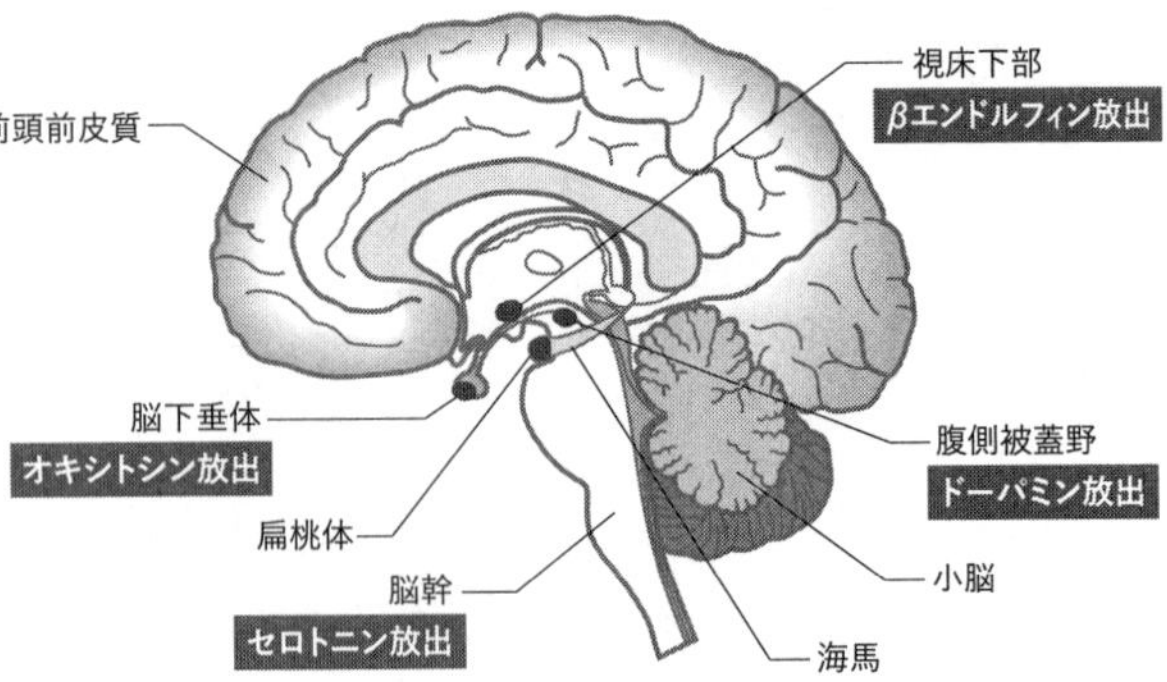

出所）「時事メディカル―家庭の医学」（時事通信）ほかをもとに作成

for mate choice, The Journal of Comparative Neurology 493 (1)）。

人が恋に落ちると、この報酬系の領域から「快感」を司る脳内物質、すなわちドーパミンなどが大量に放出されます。すると、動物的（原始的）な欲求から心地よさ（快感）を感じ、再び同じ異性に会いたいと願う。本来面倒な作業であるはずの恋愛を「快感」が後押しすることで、面倒なものでなくする、これが恋のメカニズムです。

人はなぜ恋に落ちるのか

また、皆さんも一度は経験があるかもしれない「ひと目惚れ」については、アメリカ・シラキュース大学のステファニー・オルティグ教授（神経科学者）によって、「ひと目惚れで恋に落ちるまでの速度は、わずか約０・２秒」である可能性が指摘されています（Stephanie Ortigue, et al. [2010], *Neuroimaging of love: fMRI meta-analysis evidence toward new perspectives in sexual medicine*, The Journal of Sexual Medicine, 7 (11)）。

なぜ、それほど短時間で恋に落ちるケースがあるのでしょう。

フィッシャー氏いわく、即座に恋に落ちることができれば、恋愛（求愛行動や交配）に消費する時間やエネルギーの無駄遣いを防げるうえ、すみやかに繁殖プロセスを開始できるから、だといいます（同『人はなぜ恋に落ちるのか？』ヴィレッジブックス）。

確かに、繁殖効率を考えれば「時短」で恋に落ちて性交渉に入ることで、より多くの遺伝子を後世に残す可能性も高まるでしょう。ただし、先のオルティグ教授によれば、わずか０・２秒間であっても、脳の12の領域ではドーパミンやアドレナリンなどが一気に分泌され、薬物中毒と同じような快感がもたらされる場合があるといいます。短時間の間に、脳に一気に負担がかかっている様子が想像できますよね。

また恋に落ちた瞬間、ドーパミンなどと共に分泌されるのが「ひと目惚れホルモン」の異名をもつ脳内ホルモン「ＰＥＡ（フェニルエチルアミン／phenylethylamine）」です。

生物工学者で東京大学の軽部征夫《いさお》名誉教授らによれば、ひと目惚れや胸がキュンとするなど、異性を好きになると、脳内ではＰＥＡが過剰に分泌され、場合によるとセックスアピールを表面（見た目）に演出させるなど「惚れさせる」働きもする、といいます（同『愛を成功させる法』朝日出版社ほか）。

つまり、ＰＥＡは恋愛に欠かせないのですが、一方で、ドーパミンと同様、こちらも「脳内麻薬」と言われるほど強い物質です。アメリカ・南カリフォルニア大学薬学部の研究では、ＰＥＡがお酒（アルコール）やタバコ（ニコチン）のように「中毒（依存症）」に繋がる可能性も示唆されました（Joseph Grimsby, et al. [1997], *Increased stress response and β-phenylethylamine in MAOB-deficient mice,* Nature Genetics, 17 (2)）。身近なチョコレートやチーズにも含まれる一方で、抗うつ剤としても使われるほど強い、少しタチの悪い物質でもあるのです。

恋はなぜ暴走するのか

またＰＥＡは得てして、恋の暴走を生むこともあります。

よく知られるのは、恋愛初期の熱愛カップルを対象とした、ニューヨーク州立大学のアーサー・アーロン教授（心理学者）による、「恋は盲目」に関する研究です。

研究では、恋人の写真を見た人たちが、それだけでキュンと快感や悦びをおぼえ、先の腹側被蓋野を中心とする報酬系が活性化する様子が確認されました。半面、彼らの脳内では「判断」や「批判」の中枢を担う前頭連合野、側頭頭頂接合部などの活動が明らかに低下していることも分かりました（Arthur Aron, et al. [2005], *Reward, motivation, and emotion systems associated with early-stage intense romantic love*, Journal of Neurophysiology, 94 (1)）。

つまり恋愛中は、無自覚なうちに「周りが見えにくくなる」のです。

実際に、フィッシャー氏が過去40年分の心理学的資料を調べたところ、恋愛中の人たちは非常にエネルギッシュで、「足がすくむ」「胸がドキドキする」といった身体的反応と共に、別れに対する不安を覚えるなど、心理的依存や不安感も強かった、とのこと。そして平均で約85％もの時間を、「愛する人のことを考える」ことに費やしていた（「侵入思考」）といいます（'21年「クーリエ・ジャポン」講談社、３月20日掲載）。

まさに「ハマる」という状態で、私たちマーケッターはこれを、しばしば「一貫性の法則」や「サンクコスト効果」といった言葉で説明します。

たとえば、自分が一度「いい」と思って買い始めたシリーズのＤＶＤを買い続けるのは、「私がいいと信じた作品なんだから」（一貫性の法則）や、「ここまで買ったんだから、いま止めたら、それまでかけた時間やコストが無駄になる」（サンクコスト効果）との思いが働くから、など。人間は心理的、あるいは経済効率の面から、途中で止めるという行為に抵抗を感じてしまう傾向がある、との視点です。

ですが恋愛中の男女は、これよりさらに深刻だと言えるでしょう。途中でストップするのに抵抗を感じるどころか、ＰＥＡによって無意識のうちに周りが見えなくなり、脳内で「冷静に考えるな」と指令が下されているわけで、これではまともに判断できなくて当然です。

PEAには「賞味期限」がある？

もっとも、ＰＥＡはタチの悪い物質だけに、いくつか制限が設けられているようです。つくづく、人間はよくできているものだと感心させられます。

たとえば、「放出シーン」が限定される可能性について。ボイシ州立大学のアンソニー・ウォルシュ教授は「ＰＥＡは、心が不安定だったり緊張状態にあったりしてこそ、活発に分泌される」といいます。

恋愛の勘違いとして、よく例に挙げられる「吊り橋効果」も、その象徴でしょう。吊り橋上で出会った異性には恋愛感情を抱きやすい、との説ですが、これはＰＥＡが「不安や恐怖」を感じる場面でこそ、放出されやすいからだとされています。

逆に、ずっとそばにいる家族や顔なじみの男女など、「安心感」が強い相手と共にいる際は、ＰＥＡは放出されにくいようなのです。理由は諸説ありますが、有力なのは「近親相姦」回避説、すなわち長く共に暮らす家族との間で、間違った恋愛感情を抱くなど近親相姦を起きにくくするため、との説です（Anthony Walsh『The Science of Love: Understanding Love and It's Effects on Mind and Body』Prometheus Books）。

そしてもう一つ、ＰＥＡには「賞味期限」がある可能性も指摘されています。一種の脳内麻薬であり、それだけ体への負担が大きいからでしょう。

まさに、その賞味期限こそが「３～４年」だとされているのです。

また、賞味期限を迎える少し前あたりから、行き過ぎた恋愛感情にブレーキをかけようと、脳内（脳下垂体後葉）で別の物質「ブレーキホルモン（バソプレシン）」が分泌されることも分かっています。極度の感情の高ぶりを制御したり、注意力や認識力を高めてくれたりするホルモンで、別名「浮気防止ホルモン」とも呼ばれます。

よく例に挙がるのは「プレーリーハタネズミ」の実験です。彼らのオスがメスと交尾したあとの脳内では、バソプレシンが大量に分泌され、オスは交尾したメス以外、目に入らなくなります。彼らは「乱婚」と言われるサンガクハタネズミとは違い、もともとバソプレシンが発するシグナルを受け取りやすい性質を持ったため、繁殖行為のあとはオスが浮気せず、「一夫一婦」を守るようになる、といいます。

実はヒトの場合も、バソプレシンの受容体タイプにはバリエーションがある、とのこと。シグナルを受け取りやすい受容体をもつ男性では、男性ホルモンとバソプレシンがセットになって作用し、妻への愛着に関連する（浮気しづらくなる）可能性があるようです（'18年「AERAdot.」朝日新聞出版、1月25日掲載ほか）。

やっかいな男性ホルモン

また、男性は安定した恋愛や結婚の状態におかれると、早い段階で「父親になる準備」を始めることも分かっています。

それを示したのが、シラキュース大学のアラン・メーザー教授（社会学者）による研究です。彼が10年間にわたって「テストステロン（男性ホルモン）」の実態を調査したところ、調査対象5000人のうち「パートナーとの安定した生活」を送る男性は、3年を待たずにテストステロン値が軒並み、約3割も減っていました。また、母乳を生成したり母性本能を引き起こしたりするホルモン「プロラクチン」が、男性にも分泌されるケースもあることが分かったそうで、これが「父親になる準備」だといいます（Allan Mazur, et al. [1998], *Marriage, Divorce, and Male Testosterone*, Oxford University Press, 77 (1) ほか。

　このこと自体は歓迎すべきでしょう。なぜなら、テストステロンは、男性の筋肉や骨の形成を促し、精子を作る働きを高めるホルモンであり、新たな繁殖パートナーが出現するなど性的刺激に反応して、その値が上昇することでも知られているからです。逆に、テストステロンが減少すれば、男性が別の女性に「いいな」と性的関心を抱いて目移りするのを防ぐ、とも考えられます。実際に識者の一部は、テストステロンの減少を「男性の浮気を防ぐため」と位置づけているようです。

　また、こうした傾向は「見た目」にも影響します。テストステロンが減れば、男性的な筋肉量が減り、消費エネルギーも下降し、脂肪が溜まりやすくなります。そうなると、ゴツゴツした力強いセクシーさは失われ、父親向きの、丸みを帯びた体型になる可能性が高まります。結婚後によく言われる「幸せ太り」も、妻の手料理が美味しいからではなく、こうしたテストステロン減少に伴う体型変化に起因するとみる専門家が多いようです。

　こうなれば、周りの女性から「男らしい」とは見られにくくなり、結果として浮気防止にも繋がるでしょう。

　ところが、一度減ったテストステロンは「減りっぱなし」ではない、すなわち、男性は別の新たな女性に関心を抱いたり、体が一旦「子育て終了」と判断したりすると、再びテストステロンの値が上昇するようなのです（Michelle Escasa, et al. [2010], *Salivary Testosterone Levels in Men at a U.S. Sex Club*, Archives of Sexual Behavior, 40 (5)）。

　いわば、「養育から繁殖へのトレードオフ」。「男の浮気は本能だ」といった言い訳を正当化するような事象ですが、実はテストステロン値の高さと浮気の関係性については近年、男性だけでなく女性においても指摘されています。

　たとえば、'20年、コペンハーゲン大学などが発表した「声の低さ」と浮気に関する研究です。一般に声が低い人ほどテストステロン値が高い傾向があることは知られていますが、この研究では男性だけでなく女性についても、声の低さ（テストステロン値の高さ）が性的パートナーの増加に繋がる可能性が示唆されました（Ingo Zettler, et al. [2021], Voice Pitch-*A Valid Indicator of One's Unfaithfulness in Committed Relationships?*, Adaptive Human Behavior and Physiology, 7 (6)）。

　麻布大学獣医学部の菊水健史教授によれば、「近年は女性も、競争社会で活躍しており、テストステロンの数値が高い女性が増えている」とのこと（’20年「東洋経済オンライン」東洋経済新報社、4月4日掲載）。ただ、母親になっても「声が低い」ままなのか、などテストステロン値と女性については、まだ謎が多いようです。

続くカップルはなにが違うのか

ここまでを一旦、整理してみましょう。

男女が出会って恋に落ちると、恋愛の第1ステージでは、ドーパミンやＰＥＡが脳内に放出され、胸がドキドキしたり、相手のことしか考えられなかったりと、周りが見えにくくなる。そして、おもに動物的本能から「快感」をおぼえ、やみつきになる。

それなのに、男女ともに、半年から3年ほどで恋愛気分を忘れ、一部は別の異性に目移りし始めます。ドーパミンにはブレーキホルモンが働きやすいうえ、ＰＥＡの放出期間は長くて4年程度だからです。さらに男性は、テストステロンが3割も減少し、少しの間、「父親になる準備」を始める。男らしさは失われ、コロンと丸みを帯びた体格になり、セクシーさは影を潜めてしまいます。

こうなると、「恋人の魅力が薄れた」と感じる女性もいるでしょう。女性のほうも、胸がキュンとなるような恋愛気分は、往々にして長くは続かないのですから。

そんななか、男性が別の女性に目移りし、再び繁殖の準備を始めたと分かれば、ますます

「なぜこんな人と付き合っていたのか」とバカらしくなるのも当然です。

では、恋に落ちてから4年後に、すべてのカップルは別れるのでしょうか。

もちろん、そんなはずはありません。また、すべての男女が「愛がすっかり冷めたのに、子どもや社会的信頼などのため『やむを得ず』夫婦（カップル）で居続けている」のかといえば、そうでもなさそうです（少なくとも、私は違います、いまのところは）。

そうだとすれば、彼らを繋ぎとめている感情とは、一体どんなものなのでしょう。

カギは幸福感

その一つが、本章の冒頭で澤口教授が「恋愛の多幸感」とは別に言及した、「幸福感」です。

皆さんも、覚えがないでしょうか。これまでの恋愛で、恋に落ちた瞬間から毎日が充実して満たされた気分になり、ちょっとした不満も吹き飛んで前向きな気分になれたことを。

一般に、恋愛の第1ステージではドキドキ胸が高鳴り、性的衝動が起こったり、息苦しさ

や不安感を覚えたりしますが、一方で「あの人を見ると幸せ」といった快感や、「この人となら、世界を敵に回しても怖くない」といった「多幸感」も高まります。よくも悪くも、多くのエネルギーを消費し、ドーパミンやＰＥＡが放出され、パワフルになれる感覚です。

こうした多幸感は、ある時期から完全に鳴りを潜めてしまう場合もありますが、「この人といると、なぜか安らぐ」や「信頼できて、安心していられる」など、人生そのものが穏やかな「幸福感」に包まれていく場合もあります。

後者のような、癒しや信頼（愛着）に近い感情を抱かせるものこそ、快感系のドーパミンとは真逆とも言える「幸福ホルモン」で、その代表がセロトニンやオキシトシンでしょう。

セロトニンは、脳を落ち着かせリラックスさせる効果をもつ神経伝達物質です。フィッシャー氏によれば、情熱的な恋愛の第1ステージではドーパミンなどに押され、分泌量が低下しやすいものの、うまくいけば第2ステージで正常に分泌され始める、といいます。

一方のオキシトシンは、親しい人と手を繋いだりハグし合ったりと日々スキンシップを深め合うことで、長く持続的な放出が期待できます。一般に、出産・子育てに関係する「母性」のほか、社会行動形成や抗ストレス作用もあるとされ、別名「愛情ホルモン」とも呼ばれています。

'20年、岡山大学などの研究によって、オキシトシンが脳から遠く離れた脊髄にまではたらきかけ、オスの交尾行動を脊髄レベルで促進させることも明らかになりました（同・岡山大学ほかプレスリリース、10月30日配信）。

つまり、恋愛第1ステージで放出されやすいドーパミンは、激しい恋愛感情や性的快感、すなわち「恋愛」や「性行為」と関連が深い一方で、第2ステージで放出されやすいセロトニンとオキシトシンは、信頼や愛着といった穏やかで持続的な愛情、あるいは繁殖行動（スキンシップ）の一環としての性行為や「結婚（生活）」に関連する欲求に近い、とも言えるでしょう。

セックスレスの弊害

そうだとすれば、恋愛の第1ステージから第2ステージへと移行する「橋渡し」の過程では、スキンシップとしての性行為が、一定の働きを担うとも考えられます。

ただ近年、日本では婚姻カップルの約半数が「セックスレス」、すなわち、病気など特別な事情なく、性交やセクシュアル・コンタクトが1か月以上ない状態です（図表3-2）（'04〜'16年　日本家族計画協会「男女の生活と意識に関する調査」ほか）。また、世界41か国のセック

図表3-2　婚姻カップルにおけるセックスレスの割合

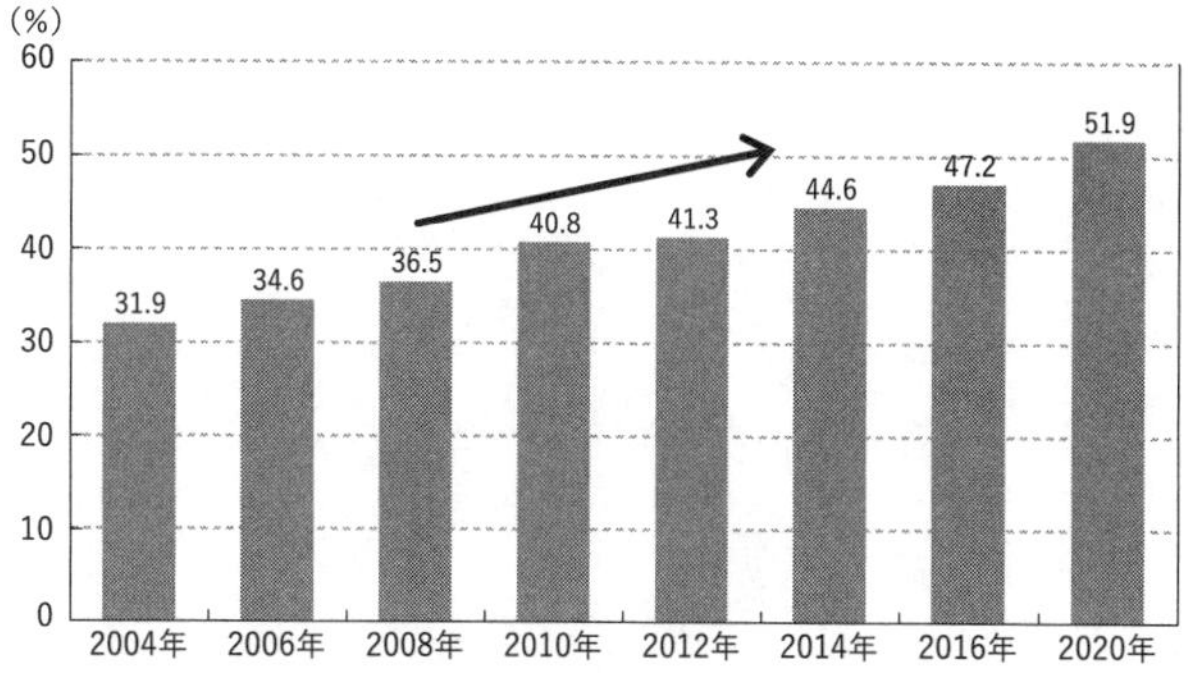

出所）2004～2016年 日本家族計画協会「男女の生活と意識に関する調査」
及び2020年「ジェクス ジャパン・セックスサーベイ2020」をもとに作成

注：2004～2016年調査対象は16～49歳の男女。2020年調査対象は20～49歳の男女

ス頻度を調べた直近の調査（少し古いですが）によれば、日本のカップルのセックス頻度は平均45回／年と、世界平均（103回／年）の半数以下で、41か国中最低レベルでした(Global Sex Survey Results, Durex. 2005)。

既述の通り、日本では結婚して4年目まで（5年未満）の離婚が、離婚カップル全体の3割以上にのぼります。ましてや恋愛（交際）のスタートから4年目までの別れとなれば、その数倍に達するでしょう。

そう、「恋愛3年説」の通り、恋愛第1ステージから第2ステージへの移行は、（とくにスキンシップが少ない日本において）おそらく容易ではないのです。

また、ここまで見てきた通り、私たちが

「恋愛」と聞いて真っ先にイメージするような第1ステージの恋愛、すなわち胸がドキドキ苦しくなるような、快感系の情動や動物的欲求は、第2ステージの信頼（愛着）系の感情とは、まったく異なるものです。

フィッシャー氏の先の提言に基づけば、ヒトにおいて交配と生殖から進化した恋愛系のシステムは3つ、すなわち①**性欲**、②**恋愛**、③**愛着**です。性欲（①）は、空腹のときのようなちょっとした「苛立ち」に近く、また恋愛（②）は、気分の高揚や、対象者に初期に感じる「執着」に似た感情だといいます。

では③の愛着はといえば、「長年のパートナーに対して感じる、落ち着きや安心感」とのこと。今日、私たちが結婚生活に求めるのは、まさにこの愛着ではないでしょうか。

もし私が生まれ変われるなら、「一生、恋愛に生きる」と決めて、情熱的で胸ときめく恋愛を追い続けるのも素敵だなと思うこともあります。ですが、結婚は生活です。苛立ちに近い性的衝動や、執着に近い恋愛感情が中心では疲れるばかりで、とても落ち着いて子育てできる状況にはなれないでしょう。

これらを総合しても、やはり恋愛と結婚を結びつけて考えようとするのは、相当無理があると思えませんか？

実は、私たちヒトの進化過程を見ても、「結婚（一夫一婦）」という配偶システムが誕生した背景には、「恋愛」より「信頼（愛着）」に近い感情があったようなのです。このあと詳しく見ていきます。

3・2　人類の進化とパートナー選び

なぜ二足歩行を始めたのか

そもそも、私たちの祖先はいつごろから、恋愛や結婚に近い感情やシステムを取り入れるようになったのでしょうか。

それを解くカギの一つは、「二足歩行」にあると言えそうです。

進化人類学からみて、私たちヒトは、もともと四足歩行を基本とするチンパンジーやゴリラなどの類人猿と共通の祖先から、枝分かれして進化しました（図表3‐3、図表3‐4、次ページ）。

澤口教授と同じテレビ番組でもご一緒する、生物学者で早稲田大学の池田清彦名誉教授に

図表 3 - 3　人類の誕生

図表 3 - 4　人類の進化

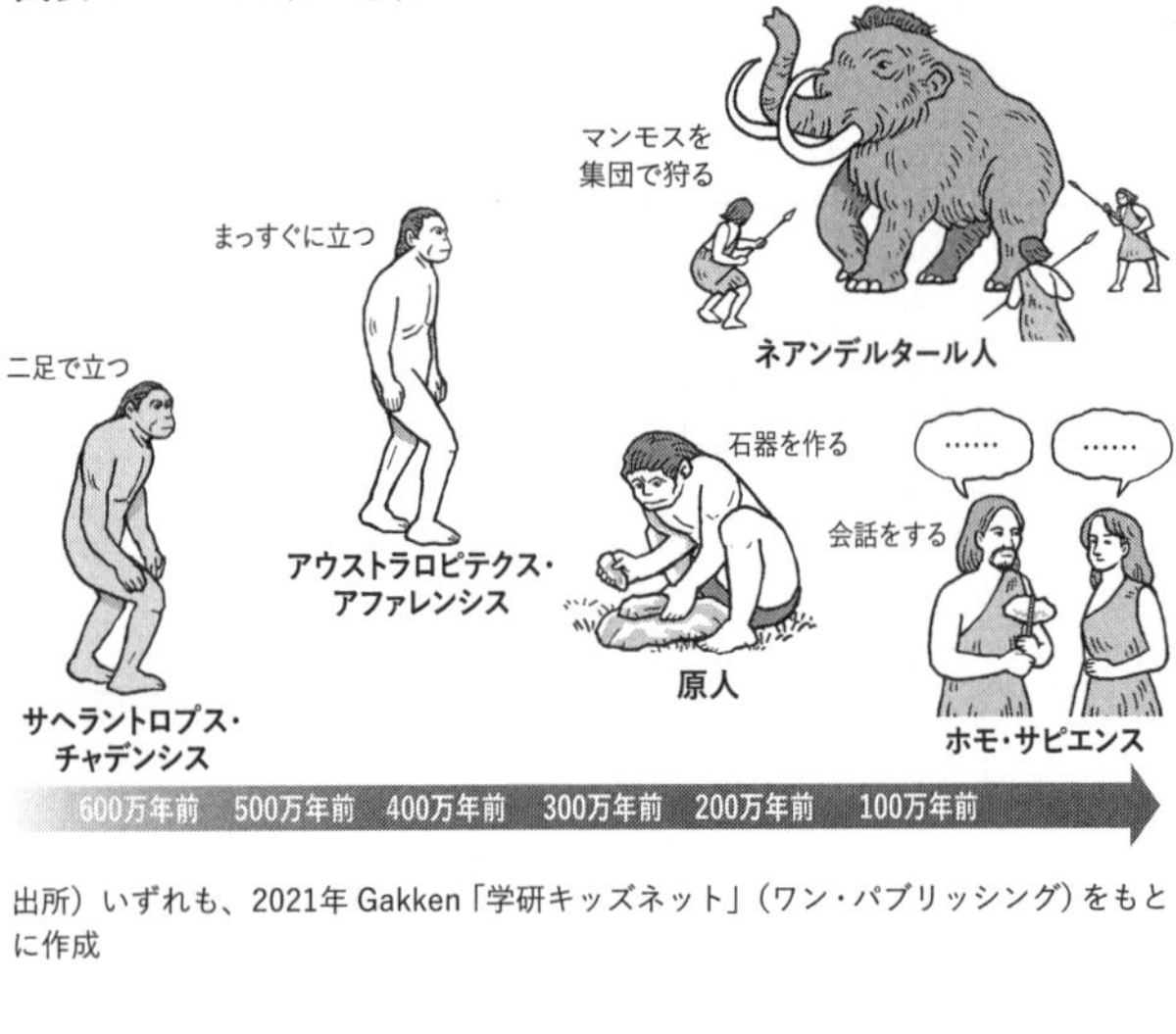

出所）いずれも、2021年 Gakken「学研キッズネット」（ワン・パブリッシング）をもとに作成

よれば、「われわれの祖先（猿人）が二足歩行を始めた時期は、ヒト族の中で最古の部類に入る『サヘラントロプス・チャデンシス（以下、サヘラントロプス／Sahelanthropus tchadensis）』の時代ではないかと見られている」とのこと。

年代は、およそ６００～７００万年前、研究者らがほぼ完全な状態で発見された頭蓋骨（目の位置）を分析したことで、そのような結論に至ったのだといいます。

なぜ彼ら（猿人）は、二足歩行を始めたのでしょうか。これについては諸説あり、残念ながら残された化石や遺跡、遺伝子などから「こうではないか」と推測することしかできませんが、有力な説はいくつかに絞られるようです。

たとえば、「地球環境の変化」に起因するとの仮説です。

いまから数百万年前に地球が乾燥化し、森林が縮小したことで、私たちの祖先は木が少ない草原に住まざるを得なくなったと考えられています。ただ、分子古生物学者で武蔵野美術大学の更科功教授などによれば、祖先は木の上で暮らしていたころから、既に（木の枝を折らないよう）二足歩行への進化を始めていたのではないか、とも見られているようです（'21年「ブルーバックス アウトリーチ」講談社、12月7日掲載ほか）。

一方、草原に出たことで「前足」を「手」として使う必然性が高まったのではないか、とする説もあります。すなわち、私たちの祖先は四足歩行の時代、樹上で生活を送っていた。当時は、木にぶら下がりながら移動する習慣があり、前足が手である必要はなかった。ところが生活の場を草原に移すようになると、そこで採った植物や捕らえた獲物をすぐに食べるだけでなく、一旦どこかへ運び、道具を使って（作って）調理する必要性が生じた。その結果、前足を手のように器用に動かすようになり、脳も発達し始めた、とみる説です（’21年「学研キッズネット」ワン・パブリッシング、同10月掲載ほか）。

「プレゼント仮説（食物供給仮説）」の真意

そしてもう一つ、ケント州立大学のオーウェン・ラヴジョイ教授らが唱えるのが、ロマンティックな「プレゼント仮説（食物供給仮説）」で、私もこの説を支持します。

先の説とも少し重なりますが、ラヴジョイ教授いわく、私たちの祖先は草原へと出て行くようになると、遠くまで遠征して獲物を捕らえ、それを住処《すみか》に持ち帰るようになりました。捕獲して持ち帰るのは、おもにオス（夫）の役目で、受け取るのはメス（妻）や子どもたちだったと考えられています。

このとき、彼らが四足歩行を続けていれば「口」にくわえて帰るしかなく、持ち帰れる分量もわずかだったでしょう。ところが前足を「手」のように使えれば、一度にまとまった量を抱えることができ、妻や子に効率よく、多くの食べ物を届けることも可能です。

二足歩行と食物供給、どちらが先だったのかは不明ですが、夫が妻や子に「プレゼント（食物）」を運ぶうえで二足歩行が便利に機能した、とみるのが、プレゼント仮説の概略です（’21年「ブルーバックス アウトリーチ」講談社、3月13日掲載）。

もっとも、オス（夫）がみずからの遺伝子を数多く後世に残そうとするなら、特定の妻にプレゼントを持ち帰るより、（語弊はありますが）あちこちでメスのご機嫌を取って繁殖行為に持ち込み、精子をバラ撒くほうが効率的なはずです。現実にも、チンパンジーは「乱婚」、ゴリラは「一夫多妻」の類人猿として知られています。

プレゼント仮説が現実のものであったとすると、私たちの祖先のオス（夫）はなぜ、特定のメス（妻）や子に、食べ物を持ち帰るようになったのでしょうか。

「おそらく当時は、そのほうが効率的だったから」だとするのは、浜松医科大学医学部の針山孝彦教授。彼もまた、プレゼント仮説を有力視する一人です。

「一夫一婦制」はどう築かれたのか

針山教授は、「われわれ祖先の遺伝子に、いわゆる『一夫一婦制』の遺伝子は存在しなかったはずだ」といいます。先の更科教授も「初めは、一夫多妻や多夫多妻など、様々な（複数婚の）グループが混在していたのだろう」と考えているようです（'18年「東洋経済オンライン」東洋経済新報社、2月18日掲載）。

ではなぜ、またいつ、特定の妻（メス）と子に食べ物を運ぶなど、「一夫一婦」に近い関係性が築かれていったのでしょうか。針山教授は、先のサヘラントロプスから少し後（約４００～５００万年前）に出現したとされる「アルディピテクス・ラミダス（以下、アルディピテクス／Ardipithecus ramidus）」の辺りではないか、と見ています。

なぜなら、残された彼らの「犬歯」を見ると、他の霊長類に比べて、とても小さくなっており、その歯にオスとメスの区別がほとんど見られないから。針山教授の見立てはこうです。

もしオスが、繁殖行為のたびにメスを巡って争う社会であれば、オスの犬歯は類人猿のように尖ったままで、メスと明確に区別できるはずである。ところがそうでないということは、少なくともアルディピテクスの時代は、メスを奪い合うのではなく、特定のオスとメスがパートナーになる「一夫一婦」かそれに近いような、一定の決まりをもった平和的な関係性を築いていたのではないか……。

「日常的に争う社会では、心身ともに疲弊します。また、当時は『資源配分』の点からも、乱雑な一夫多妻などのシステムを続けていくのが厳しかったのではないでしょうか」

すなわち、原始時代は現代のような「貨幣経済」の社会ではなく、もしあちこちに妻やわが子が分散していれば、都度そこに食料を運ばなければならなかった。それはオス（夫）にとって多大なパワーを消費する、非合理的な作業だったに違いない、といいます。

ところがその後、人間が文明社会を築き始め、貨幣が流通するようになると、夫はみずから妻や子に食物を運ぶ必要がなくなり、パートナーシップを「金銭」で解決できるようになった。資源配分が、格段にラクになったわけです。

だからこそ、富や権力（経済格差）が顕著な国、あるいは「複数の妻（夫）がいて当たり前」だという〝文化〟を有する一部の地域において、「一夫多妻（多夫多妻）」を選択するケースが再び登場したのではないか、それが針山教授の見解です。

私もそう思います。一部の識者の間では、「『一夫一婦制』しか認めない国や地域は、世界２３８のうち43（２割弱）にすぎない」や、「哺乳類全体では、オスとメスが一夫一婦型で、暮らすケースは５％程度」といった主張がいまも顕在で、これらの数字自体は事実なのでしょう（ジョージ・マードック『社会構造』日本語版・新版／新泉社ほか）。

ただ、カリフォルニア大学のジャレド・ダイアモンド教授（進化生物学者）が言うように、「たとえ『一夫多妻』が認められる地域でも、ハーレムのように多くの女性を意のままにし、その関係性を維持できる男性は、莫大な富を独占する、ひと握りの社会にしかいない」のではないでしょうか（同『人間の性はなぜ奇妙に進化したのか』草思社文庫）。

また、「一夫多妻」や「乱婚」の動物においても、そのシステムが根付いた理由が「オス上位の社会だから」とは限りません。

総合研究大学院大学・元学長で人類学者の長谷川眞理子氏によれば、ヒト以外の哺乳類で「一夫一婦」が見られにくい理由は「多くがメスの胎内で子を育て、出産後もメスだけで物事が解決するため、オスが何かをする必要性が生じない」からだ、とのこと。ゆえにオスはパートナーを特定せず、育児に協力するケースも少ないといいます（'19年 同「生態学からみる結婚と子育てと家族」平和政策研究所、2月27日掲載）。

合理的な視点がそこにはあった

再び、ここまでを整理しましょう。

池田教授は、私たちの祖先（サヘラントロプス）が、６００〜７００万年前ごろから「二足歩行」を始めた可能性に言及しました。また針山教授は、約４００〜５００万年前（アルディピテクス）の時代には、オスが特定のメス（パートナー）やわが子に、食物を「プレゼント」のように持ち帰ることが日常になり、「一夫一婦」に近い形態が築かれていったのではないかと教えてくれました。

そうだとすれば、原始時代における「一夫一婦」の配偶関係は、できるだけ多くのパートナーに遺伝子をばらまこうとする権力欲や性的欲求より、特定のパートナーと大切な（限られた）子を共に着実に育てたいとする欲求（育児）から生まれたものである、とは考えられないでしょうか。

池田教授いわく、男性の間で「処女」を好んだり、「若い子のほうがいい」との視点でパートナーを選んだりする人がいるのは、動物界ではレアケースで、「人間独自の〝文化〟や〝宗教〟の影響からくるものだろう」とのこと。

対するチンパンジーやゴリラの社会では、処女がまったくモテず、ある程度、年を取ったメスのほうがモテる、これは「出産経験がある熟女のメスなら、わが子を任せて安心だ」と判断されるからだ、ともいいます。彼らは、現代の人間社会より、はるかに育児環境が過酷だからこそ、子育てにおいても「経験豊富なメスに任せたい」となるのでしょう。

実際、アルディピテクスなど猿人のオスが、どのようなメスを魅力的だと感じたのかは分かりません。ただ、一夫一婦の根底に「わが子を大切に育てること」があったのだとすれば、少なくとも「若くてカワイイ子がいい」といった観点とは別の軸、たとえば「子育て人脈やノウハウが豊富」など、もっと〝合理的〟な視点があったのではないでしょうか。

科学ジャーナリストで『ヒトの進化 七〇〇万年史』（ちくま新書）などの著書がある河合信和氏も、一夫一婦制の始まりを「最初は、愛より〝合理性〟が理由だったのではないか」としています。たとえば、「メスがペア（1対1）になったオスにイクメンの役目を果たしてもらえれば、自分の資源を子育てに集中投下でき、子の生存確率が上がる」といった具合です。

「生物は絶滅しないようにと、環境に合った仕組みで生きていく。合理的だからこそ、自然淘汰の中で生きてこられたのです」（’16年「AM」メディアーノ、9月16日）。

では、パートナー（夫婦）となったオスとメスに、今日の「恋愛」に近い、燃えるような、あるいは盲目的な感情はなかったのでしょうか。

針山教授は、「あくまでも今日想像するような、激しい恋愛感情はなかっただろう」としたうえで、「ただ、彼ら（私たちの祖先）の頭のなかでは、何らかのロマンティックな『フェアリーテール（おとぎ話）』が浮かんでいた可能性はある」とも言います。

求愛というプレッシャー

なぜなら、オスは「努力して求愛しても、振られるかもしれない」という一定のプレッシャーを抱えていたはずで、それを乗り越えるためには、「もしメスに受け入れてもらえたら、その先に『素敵なこと』が待っているかもしれない」と、フェアリーテールに基づく甘い想像を巡らす必要があったのではないか、それが針山教授の見解です。

なるほど、男性がプロポーズ（求愛）の段階でプレッシャーを感じるのは、現代社会に限らないということでしょう。

いまや、半ば常識となった「フィメール・チョイス（Female choice）」は、多くの生物において、繁殖行為の前に「女性（メス）が男性（オス）を選ぶ」のが一般的だとする説で、私たち人類の祖先も、女性が男性を選んでいたのではないかと見られるようです。

理由は、「子孫を作り、養育することにかける努力の総量（親の貢献度）が高いほうが、配偶者選択において力をもつ」から（Robert Trivers『Sexual selection and the descent of man,

1871-1971』, Heinemann Educational; First Edition)。

もっとも、個体群生態学会理事の京極大助氏によれば、フィメール・チョイスが、ある鳥（コクホウジャク）への実験を通じて具体的に立証されたのは、’82年と近年になってからのことで、それまでは「メスによる配偶者選択が、（社会的に）すぐには受け入れられなかった」のだといいます（’22年「兵庫県立人と自然の博物館」）。

おそらく第2章でふれた、ヴィクトリア朝時代のイギリスのように、以前は女性が積極的・主体的に配偶相手を選ぶ環境にはなく、学会や研究者の間でも、こうした女性主導の概念を受け入れにくい社会だったのでしょう。

また、フィメール・チョイスにおいて、オスはメスに選ばれなければ、みずからの遺伝子を後世に残せません。だからこそ、繁殖目的で様々な求愛行動を取ります。

百獣の王・ライオンは、オス同士でケンカして勝ったほうがメスを手に入れられる、など「力勝負」を繰り返し、オスゴリラは胸をポコポコ叩いてドラミングを行なう「恋鳴き」で気を惹こうとします。また鳥類では、クジャクのオスによる「ダンス」、すなわち、色鮮やかな飾り羽を扇形に広げて震わせる行動のほか、ニワシドリのオスのように果実や花などで美しい「巣」を作って誘うもの、カワセミのオスのように獲物を「プレゼント」するものなど、多彩な求愛パターンがあるようです（大渕希郷『どうぶつ恋愛図鑑』東京書店ほか）。

ではメスのほうは、どのような視点でオスを選ぶのでしょうか。

一般には、ゴージャスな飾り羽やダイナミックな動作、そしてライバルを負かす強さを持ったオスが圧倒的にモテる、とされますが、必ずしもそう単純ではないようです。

メスがオスを選ぶ視点

たとえばニホンザルでは、力勝負に勝った「王者（第一位）」のオスが、他のオスの交尾を邪魔できる半面、メスが王者の目を盗んで別のオスと交尾に励むシーンも、しばしば観察されるそうです（東邦大学サイト・井上英治「生物学の新知識」）。また、飾り立てた巣で誘うニワシドリの場合、鮮やかな巣に惹かれるのは3歳未満の若いメスに限られ、経験豊富なメスは、オスの懸命な求愛動作のほうを重視する傾向が強い、とも言われます（'04年「Nature Japan」シュプリンガーネイチャー・ジャパン、4月15日掲載）。

つまり、メスがどの点を重視してオスを選ぶのかについては、まだ明確な解答が得られていないのです。針山教授は、「メスもオスを受け入れる際、フェアリーテールに基づく妄想を育成していった可能性はある」と言います。

また、ニューメキシコ大学のジェフリー・ミラー准教授（進化心理学者）は、「オスがメスに選ばれるうえで、根源的に最も推奨されるのは、（カネや力より）『誠実な努力』だ」と言います。

いわく、この世に存在してきた何百万もの種において、オスがメスから選ばれる試練を突破するために見つけてきた方法は、「力」「だまし」「買収」、そして「誠実な努力」の４つしかない。「女性の好みは気まぐれだ」と言う人もいるが、自分（ミラー准教授）が続けてきた過去30年間の膨大な研究結果により、そうでないことが分かっている。多くの女性がパートナーとなるべき男性に望む言葉は、「大丈夫、僕がなんとかするから」である……。

すなわち、単に一定の特性や能力を身につけるだけでなく、その特性や能力をフル活用し、女性が求めるものを努力して与えようとする意欲（誠意）にこそ、女性は惹かれる、とミラー准教授は主張します（タッカー・マックス氏と共著『モテるために必要なことはすべてダーウィンが教えてくれた』ＳＢクリエイティブ）。

私も女性として、大いに納得できます。恋愛はともかく、生涯を共にするパートナー選びとなれば、見た目や甘い言葉より、あるいは権力や稼ぎ以上に、パートナー男性の「誠意」こそ、その先の生活をポジティブに想像するうえで譲れない部分なのではないでしょうか。

一般に、美女やイケメンがモテる理由を、「シンメトリー（左右対称）な（美しい）顔をもつ男女が、『よい（健康な）遺伝子』をもつ可能性が高いから」とする説もあり、「見た目で相手を選ぶのは、本能的に当たり前だ」とも言われます。ですが、実はこの「よい遺伝子仮説」も近年、ブルネル大学の研究（'14年）などにより、健康尺度との関係性が疑問視され始めました。IQとの関連性も、わずか1％しか確認できなかったそうです（同『WIRED JAPAN』コンデナスト・ジャパン、8月27日掲載）。

また、高学歴・高収入の男性が、自身の稼ぎのすべてを妻や子に届けてくれるとも限りません。もちろん確率論では、低収入の男性より多くの資源を与えてくれる可能性は高まりますが、彼らに「誠意」を感じなければ、「どこかで浮気しているのかも」「高収入なのをいいことに、一部を別の女性に貢いでいるのでは？」など疑念が生じ、信頼も生まれにくいはずです。

「ニセ発情」と平和な社会

おそらく多くの女性たちは「結婚には、誠意や信頼が大切だ」と、本能的に分かっているのです。

だからこそ、国の第三者機関による大規模調査でも、結婚相手の条件として「重視する」ことの第1位に「人柄」を挙げる女性が、圧倒的に多い（88・2％）のでしょう。

ちなみに、「重視する」の割合が次に高いのは、「家事・育児の能力や姿勢（協力）」（70・2％／「考慮する」も含めると、96・5％）で、結婚相手にこうした日々の生活への協力を強く求める点も、近年の女性の特徴です（「第16回出生動向基本調査」）。


「アダムがイヴを作ったのではない、イヴがアダムを作り出したのである」――。

これは、生物学者で青山学院大学 総合文化政策学部の福岡伸一教授による著書『できそこないの男たち』（光文社新書）の一説です。

いわく、男性の性染色体ＸＹは、生物の基本仕様（デフォルト）としての女性の性染色体ＸＸを無理やり作り変えたものである。そこにはカスタマイズにつきものの不整合や不具合があり、欠陥も多い。ゆえに、男性は病気にかかりやすく、精神的に弱く、世界的に見ても、実はありとあらゆる国で女性より平均寿命が短い、とのこと。オスは、メスの系譜を時々橋渡しし、細い横糸の役割を果たす「使い走り」にすぎない、とも言います。

また、京都大学の古市剛史名誉教授（霊長類学者）は、ボノボのメスにおける「ニセ発情」

を例に、「(ボノボの社会では) メスがイニシアティブを握ることで、集団間の関係を平和的にした」といいます。ボノボは、中部アフリカのコンゴ民主共和国(旧ザイール)にのみ生息するチンパンジーの仲間で、「ニセ発情」は、読んで字のごとく、発情していないにもかかわらずそうであるかのように見せる、メスの騙し行為です。

どういうことか、補足しましょう。ボノボは「ヒトに近いサル」と言われますが、オスが好戦的なチンパンジーに比べ、性質はとても穏やかで、争いの少ない社会を創っていると言われます。人間の女性は授乳期間中、排卵を抑制しやすいホルモン「プロラクチン」の分泌などによって生理の再開が遅れますが、ボノボのメスは出産から約4年に及ぶ授乳期間中、「妊娠しにくい」どころか「妊娠できない」そうです。

ところが彼女たちは、出産から1年ほど経つと、発情だけは再開します(「ニセ発情」)。なぜかといえば、長期にわたってオスの交尾を拒否すれば、チンパンジーのように「交尾可能な数少ないメス」を巡って、熾烈な争いが起きかねません。ゆえに、オスの目を騙し、ニセ発情によって交尾を受け入れることで、集団内のオスの性的競合を抑制し、穏やかな社会を形成している、というのです(同［２０１７］「ヒト科に見る殺しの進化」『心理学ワールド』日本心理学会（77）。

人類社会の争いを消すには

「ニセ発情」以外にも、ボノボのメスは様々なシーンでイニシアティブを発揮します。たとえば、オスが目の前で勃起していても、気が乗らなければ平気で交尾を拒否します（チンパンジーのメスは通常、拒否できません）。また、オスたちが他集団に威嚇行動をとっても、メスたちは平気で集団の垣根を越え、別集団のオスと共に採食や毛づくろいをし、果ては交尾することまであるそうです（いわゆる「乱婚」に近い）。

オスは、こうしたメスの行動を抑制できず、メスが集団で一定の役割を果たすようになり、結果的に社会全体が平和的なものになるのだと、古市教授は言います。

これに対し、ヒトのメス（女性）は発情そのものをなくし、恒常的に性的受容性（性行為の受け入れ態勢）をもつに至りました。このことにより、「性交渉をもてるメスとオスの比が1対1になり、集団内に核家族を作って、性関係をその中に閉じ込めている」とのこと。古市教授は、こうも言及します。

「性を核家族に閉じ込めることで、ヒトは集団内のオス（男性）同士の攻撃性を抑制できたが、メス（女性）たちは一種〝所有〟される形になり、社会的地位が高まることはなかった」

そのため、核家族の「外」では男性たちの発言力が依然として強く、集団としての行動は男性の論理によって決められてきた、とのこと。ゆえに、ボノボのように、他集団に対する攻撃性を抑制することにはならず、残念ながら人類は「暴力」を完全に消すことはできていない、といいます。

また、先の針山教授は、'22年に始まったロシアのウクライナ侵攻にふれ、「プーチン大統領には、どうか人類の歴史に学んでほしい」と訴えます。

「アルディピテクスの時代に『犬歯』が小さくなったのは、おそらくオスがメスを巡る争いを続けることを嫌ったからだと思います。その結果、平和的で信頼性の高い『一夫一婦』に近いパートナーシップが築かれ、ヒトが形成する社会は安定し、結果として子孫生存の可能性が高まったのでしょう」

進化的にそうした種族が生き延びられたのも、「私たちの祖先が行なってきたように、そのほうが遺伝子を確実に残すうえで、実際に〝合理性〟が高かったから」。逆に他集団との争いは、結果的に人類を滅ぼす可能性もある、と警鐘を鳴らします。

古市教授の、次のような言葉も印象的です。

「(ヒトが集団間の争いを抑制するには) 私には、ボノボと同じように、女性が高い社会的地位を得て、集団間の関係においてもイニシアティブを握るようになることしかないように思える。(中略) 女性のノーベル平和賞受賞者の増加に象徴されるような、女性の政治的リーダーシップや平和運動の高まりに、一縷の望みを託すしかない」。

人類は女性主体で進化してきた

福岡教授が言及したように、私たち人類においては、「イヴがアダムを」作り出しました。生物の繁殖行動においても、メスがオスを選ぶ「フィメール・チョイス」が一般的であるほか、二足歩行の始まりは、オスがメスとわが子に、効率よく食料を運ぶ〝合理性〟だったであろうとも考えられています。

また更科教授いわく、今日の配偶システムに近い「一夫一婦」の始まりについても、メスが「未熟なわが子を外敵から守り、安定的に食料を運んでくれる存在がいれば」と望み、それに応じたオスが生き残って進化していったのではないか、とのこと('18年「ブルーバックス アウトリーチ」講談社、12月8日掲載ほか)。私もそう思います。なにしろ福岡教授の説にならえば、かつてオスはメスの「使い走り」だった、ぐらいなのですから。
人類は、少なくとも誕生から古代までは、女性主体で進化していったのでしょう。

私ごときが、思想家・平塚らいてうのように「元始、女性は太陽であった」と「女性解放」を唱えるつもりはありません。ただ、結婚（一夫一婦）が、恋愛感情や性的欲求より「子育て」を目的に生まれた〝合理的〟な配偶システムだとすれば、やはり大切なのは、日々の生活や養育です。パートナー選びでは、見た目や浮いたセリフ（恋愛テクニック）の良し悪しではなく、互いの「誠意」や信頼関係、そして「この人といると安心できる」「心が安らぐ」など、セロトニンやオキシトシン系の愛着を抱けるか否か、を見るべきではないでしょうか。

そしていま、改めて結婚の本質を見つめ直し、高度経済成長期やバブル期の「恋愛幻想」に別れを告げ、「もう結婚に恋愛は要らない」と新時代の幕開けを宣言できるのは、やはり男性より、本質的に大胆でストレスに強い、女性のほうだと思うのです。

シングル女性の皆さん、いかがでしょうか。あなたが結婚に求めるのは、「せいぜい3～

4年しかもたない」とされる激しい恋愛の相手なのか、それとも私たちの祖先が「一夫一婦」という新たな配偶システムを創りあげるうえで重視した、誠意や愛着といった、穏やかな信頼関係を共に築いていける相手なのか、果たしてどちらでしょうか。

恋愛と結婚は、脳科学的にみて「混ぜるなキケン」、進化人類学的にも「別物」であることが、分かっていただけたかと思います。

いま一度、幻想に惑わされることなく、より〝合理的〟な視点で、あなたと信頼関係を築きながら一生を共にできる、「共創結婚」のパートナーを見つけてみませんか？

第4章

恋愛結婚とコスト

4・1　婚活の落とし穴

前章では、ロマンティック・ラブ・イデオロギーの成り立ちを、脳科学や進化人類学の見地から見てきました。今日私たちの多くが「結婚」と聞いて連想する「一夫一婦制」も、はじめの一歩は、快楽や報酬を激しく求める恋愛感情より、安心や信頼、そして遺伝子を確実に後世に伝えたいとの〝合理性〟からではなかったか、とも述べました。

考えてみれば、今日の結婚では「マッチングアプリ」が効率的・合理的な出会いを促すと期待されていますが、未婚率改善にはさほど貢献していない、とも指摘されています。

一体なぜ、合理的なはずのシステムが、思ったほど成果を上げていないのでしょう。

本章では、合理的判断を邪魔する私たちの〝非合理的〟思考や、恋愛でイメージする「運命の人」が近年、ますます「近くて遠い」存在になっている理由について、行動経済学や確率論の視点から見ていきたいと思います。

増える「マッチングアプリで結婚」

近年、結婚相手を探す際に、マッチングアプリをはじめとした便利なネットワーク系サービスを利用する人たちが増えています。結婚に至るカップルも、年間７・７万組程度はいるようです（後述）。

そうした状況を広く知らしめたのが、第2章でもお伝えした、２０２１年の国の第三者機関による調査結果でした。この調査で「夫と妻が知り合ったきっかけ」を見ると、「インターネットで」、すなわちマッチングアプリや（婚活系など）ウェブサイト、ＳＮＳなどによるやりとりがきっかけで知り合った夫婦が、婚姻カップル全体のおよそ7組に１組（約14％）にのぼっていました（図表２-１、１０６ページ）（同 国立社会保障・人口問題研究所「第16回出生動向基本調査」／※婚期が'18年7月〜'21年6月の夫婦の場合）。

'18〜'21年の平均婚姻件数（年）がおよそ55・3万組ですから、単純にそのうち14％が成婚したと考えると、年間およそ７・７万組がマッチングアプリなどのネットワーク系サービスで知り合い、実際に結婚したものと見られます。

翌年（'22年）の民間の調査結果を見ても、婚活アプリやサイトなど「ネット系婚活サービス」を通じて結婚した人が、婚姻カップルのうち10人に１人（約10％）いて、この割合は'15

年（約3％）と比べ、約3倍に増えていました（同・リクルート・ブライダル総研「婚活実態調査」）。別の民間調査では、さらにこの傾向が顕著で、’22年単年に結婚したカップルの5人に1人以上（22・6％）が、なんとマッチングアプリで出会ったと回答していたほどです（’22年 明治安田生命「いい夫婦の日」調査）。

’22年といえば、新型コロナウイルスの渦中で、異性と対面で出会う機会が減った分、デジタルでの出会いに移行した側面もあるでしょう。ただ、先のリクルートの調査では、コロナ前の’19年段階でも、「ネット系婚活サービスで（出会った）」との回答が6％を超えており、同サービスの伸長は「コロナ禍」だけが理由ではないように思えます。

こうしたネット系のマッチングサービスは、見た目（プロフィール画像）や年齢、年収、学歴、職業といった登録者の資源やスペックを、「検索」によって瞬時に探したりマッチングできたりする利点があります。また昨今では、結婚情報サービス各社がデジタル技術を駆使し、ＡＩマッチングにも力を入れているほどです。

まさに未婚化・少子化対策の切り札として注目される、マッチングサービス市場。’21年時点で、「利用経験あり」は、既に20代の3割弱にのぼります。伸びも堅調で、’21年〜’26年までの5年間で、市場規模は2倍以上に膨らむと予測されています（’21年「マッチングアプリの利用状況に関するアンケート調査」三菱UFJリサーチ&コンサルティング)。

未婚率が改善されない理由

では、こうした新たな出会いの機会創出は、未婚率の改善に繋がっているのでしょうか。残念ながら、必ずしもそうとは言えないようです。

国勢調査による年代別(5歳単位)の未婚率をみると、'20年、20~30代の男女で5年前より未婚率が顕著に下がったのは、30代後半(35~39歳)の男性のみで、それ以外の年代では男女共にほぼ横ばいか、むしろ未婚率が増加傾向でした(総務省「国勢調査」)。

また、婚姻件数や婚姻率(人口千対)全体を見ても、マッチングサービスがその数や割合の増加にさほど貢献していない様子が見えてきます。共に新型コロナの感染拡大後('20年2月以降)である'20年と'21年の比較でも、婚姻件数は年間およそ2・5万組減(約52・6万組↓約50・1万組)、婚姻率も0・2%減(4・3%↓4・1%)と、増えるどころかむしろ減ってしまっています('21年　厚生労働省「人口動態統計」)。

つまり、アプリで出会って結婚する人たちは、婚姻件数全体に占める割合は増えている半面、カップル(既婚者)の〝数〟の増加には、さほど貢献していない可能性が高いのです。

一体なぜなのか、私は大きく3つ理由があるのではないか、と考えます。

まず1つ目が、こうしたネット系マッチングサービスの利用者が、一部の層に偏っているのではないかと見られることです。

'21年、内閣府主催の研究会で「マッチングアプリは、自力救済色の強い手段」だと発言したのは、ニッセイ基礎研究所生活研究部の天野馨南子《かなこ》氏です。『未婚化する日本』（白秋社）などの著書もある彼女は、マッチングアプリで結婚に至った男女について、元来それまでの活動量が非常に多く、かつコミュニケーションを面倒がらない傾向にあるのではないか、と指摘しました（'21年　同「人生100年時代の結婚と家族に関する研究会（第3回）」）。

つまり、マッチングアプリで結婚まで至れるような男女は、もともと恋愛や結婚の「積極層」に多く、たとえアプリがなくても、いつかは誰かと出会えていたのではないか、と想像できます。そうだとすれば、アプリによって出会えるまでの〝時間〟は多少短縮されるかもしれませんが、出会える人の〝数〟の増加には、さほど寄与しないのかもしれません。

また、「いつかは結婚したい」とする未婚男女（18〜34歳）は、いまも「適当な相手にまだ巡り会わないから（結婚していない）」を、未婚理由のトップにあげています（男性36・6%／女性45・7%）が、実はこの割合や傾向は、ネット系マッチングサービスが普及するより、はるか以前、30年以上も前（'92年）から、ほとんど変わっていません（男性42%／女性46%）（「第10回、第16回出生動向基本調査」）。

ここから考えると、婚活アプリなど現在普及するサービスの多くは、よほど性能が悪いのかもしれない、とさえ思えますよね。

「選択のパラドックス」

ですが、必ずしもそれ（性能の悪さ）が理由ではないことは、多くの皆さんがお分かりの通りです。

私は、婚活アプリを利用する若者たちから「いい人がいない」「これと思う相手に出会えない」と聞くたびに、マーケティング調査でよく耳にするセリフを思い出します。

それが、「着ていく服がない」。

私たちマーケッターにとっては、消費者のセリフの一つひとつに、どんな思いやこだわりが詰まっているのかを読み解くことも重要な仕事です。こうした声の主に「お宅訪問調査」をかけると、実は平均よりずっと多くの洋服が、クローゼットに眠っていたりします。

彼女たち（彼ら）は、決して「服がない（少ない）」わけではありません。むしろ、ストックが多すぎて選ぶのがストレスだからこそ、往々にして「どれも決定打に欠ける」と服のせいにして、「手持ちの服からは選べない」と決定を避けたり、「市場（自宅の外）には、もっといい服があるはず」だと、あえて外に目を向けたりしているのです。

候補となる服は手元にたくさんあるのに、多すぎて選べないから「着ていく服がない」となり、つい選ぶのをやめ、外に目を向けている。そんな彼らは、思考と行動が大きく矛盾しているのがお分かりいただけるでしょう。

私は人間に起こりがちな、こうした様々な「認知エラー」こそが、婚活アプリやリアル（対面）の場での出会いをむしろ難しくしている、すなわちカップルの数自体が増えない2つ目の理由だと考えています。

「人は選択肢が多すぎると、一つに決めるのが難しくなり、選択すること自体をやめたり満足度が下がったりする傾向がある」ことを、「決定回避の法則」として世に知らしめたのが、行動経済学で有名なコロンビア大学のシーナ・アイエンガー教授らの研究チームです。

'95年、当時まだ学生だった彼女らは「24種類のジャム」と「6種類のジャム」を用意して行なった、試食実験の結果を発表しました。このとき、試食した人数は「24種類」のほうが多かったにもかかわらず、購入率は、選択肢が4分の1しかない「6種類」のほうが、なんと10倍も多かった（3％対30％）のです。別名「ジャムの法則（Jam study）」とも呼ばれています（同『選択の科学』文藝春秋）。

こうした傾向は、その後の'04年、アメリカの心理学者でスワースモア大学のバリー・シュワルツ教授によって「選択のパラドックス（The paradox of choice）」とのキーワードで紹介されました。現代社会では、選択肢が多くなると「自分はこんなことも決められない人間なんだ」と無力感を感じて選ぶのが難しくなり、選んだあとも「ほかにもっとよい選択があったのでは」と後悔が残りやすい。選択にもより多くの時間がかかるので、「こんなこと（選ぶこと）ではなく、別の有意義なことに時間を費やせばよかった」と感じ、生活や人生そのものの満足度が下がりやすい、ともいいます（同『なぜ選ぶたびに後悔するのか』武田ランダムハウスジャパン）。

「決定回避の法則」

マーケッターの多くは、この理論に大いに衝撃を受けました。'90年代までは「選択肢が増えるほど、人は幸せを実感しやすい」と考えられており、だからこそ私たちは、意気揚々と数多くの商品やサービスを開発し、世に送り出していたからです。

ところが、シュワルツ教授の学説に基づけば、世の中の商品やサービスの選択肢の幅は、むしろ一定程度に抑えられたほうが、消費者の心理的負担は少なく、かつ幸福度が高いことになります。

そしていま、こうしたジレンマが、婚活市場においても起こっているのではないかと見られているのです。

ニッセイ基礎研究所の研究員（当時）・清水仁志氏も、先の「決定回避（ジャム）の法則」が、婚活のネット型マッチングサービス（マッチングアプリほか）において起こり得る可能性について、同研究所のレポートで報告しています（'21年 同「行動経済学から見たネット型マッチングサービスの課題と期待」1月20日掲載）。

つまり、昔（昭和の時代）はお見合いや結婚相談所を通じた出会いなど、数人〜数十人の中から相手を選べばよかった。でもいまはインターネットやマッチングアプリの登場で、「数万人以上いる（候補者の）中から一人を選ばなければならず、選ぶこと自体をやめてしまっている可能性が指摘できる」といいます。

「選択の自由」と愛着の意外な関係

ちなみに、決定回避については、別のショッキングな実験結果もあります。'02年、選択の自由と愛着の関係性をみずからの論文で示唆した、心理学者でハーバード大学のダニエル・ギルバート教授らによる研究発表です（Daniel Gilbert, et al. [2002], *Decisions and revisions: the affective forecasting of changeable outcomes*, Journal of Personality and Social Psychology, 82 (4)）。

彼らはまず、ハーバード大の学生たちに12枚の写真を撮らせ、「2枚だけ現像するので」とベストショットを選ばせたうえで写真を預かり、グループを次の2つに分けました。

グループA：預けた後、「やはり違う写真がよかった」と思えば、写真を交換できる

グループB：預けた後、「やはり違う写真がよかった」と思っても、写真は交換できない

皆さんはどちらのグループのほうが、選んだ写真への満足度が高かったと思いますか？

正解は「B」。写真を交換する自由が〝提示されなかった〟学生たちのほうが、自分が選んだ写真に強い愛着を示し、満足度も高かったのです。逆にAの学生たちは、「一旦はあの

写真を選んだものの、別の写真も気になる。やっぱり交換したほうがいいかな」とずっと考えるなど、選んだ写真への愛着が弱く満足度も低かった、とのこと。

このことからギルバート教授らは、選択の自由（変更）が必ずしも人々の幸福には繋がらない可能性に言及しました。

一方で、皮肉なことに後日、先の実験に参加しなかった学生たちに、「写真の選択を途中で変えられるグループ（A）と変えられないグループ（B）、どちらに参加したいか」と聞いたところ、想像通り66％の学生が「A（変えられるほう）」を選んだといいます。

つまり、人は選択肢が多すぎる、あるいは「途中で変えていいよ」と自由を与えられると、選ぶことがストレスになったり、迷いが生じたり、場合によると選ぶこと自体ができなくなったりする。それなのに、選択肢や自由度が少ない環境よりは、多種多様な、あるいは自由度が多い環境のほうをつい選んでしまうという、非合理的な行動を取りやすいのです。

行動経済学からみる、非合理的な婚活行動

こうした私たちの（無意識の）非合理的な行動が、本来、合理的に出会えるはずのネット系マッチングサービスでの出会いを阻害している可能性も、否定できません。また同サービ

スに限らず、現代のような「超情報化社会」が、私たちのさらなる認知エラーを促し、「運命の人」との出会いを遠ざけているとも考えられるでしょう。

そこで私は、先の清水氏のレポートも参考に、現代の合コンやネット系マッチングサービスも含めた様々な婚活が、期待されるほど未婚率の解消に寄与していない理由について、行動経済学の視点から「非合理的な婚活行動」として、論点を3つに集約してみました。

〈行動経済学からみる、非合理的な婚活行動【婚活の落とし穴】〉

1　**対象が多すぎて決められない、安易なリセット志向**

＝決定回避の法則、選択のパラドックス、逆サンクコスト効果

2　**望む条件の「高望み」傾向、条件の肥大化**

＝認知バイアス、ドレイクの方程式

3　**自分だけ抜け駆けしたくない、皆でハッピーになりたい**

＝マッチング理論（GSアルゴリズム）、人気の序列化、嘘のインセンティブ

以下、順に見ていきましょう。

1の「**決定回避の法則**」「**選択のパラドックス**」は、既述の通りです。他方、「**逆サンクコスト効果**」は、超情報化社会だからこそ「リセット」に目が向きやすい傾向を指します。

たとえば、現代のネット系マッチングサービスやSNSなど、バーチャルな媒体を通じたサービスは、リアルの場でわざわざ人数を集めて合コンをセッティングしたり、職場で「いい人がいたら、紹介してください」と頭を下げて回ったりするのに比べ、一般には安価かつ短時間で、気軽に効率的に出会えると考えられています。

ところが、人は金銭的・時間的コスト（サンクコスト）の重みを感じにくいと、前章のDVDシリーズ購入のような「サンクコスト効果」が働きにくいものです。「これだけ投資したのだから、別れる（選択変えする）のはもったいない」とはならず、出会うまでの負担を軽く見積もるため、簡単に「もうやめよう」と安易に判断しやすいのです。

そのうえ、行動経済学者でデューク大学のダン・アリエリー教授は、「身近な交際相手より、〝隣の芝生〟のほうがよさそう」と一旦感じ始めてしまうと、その（現状の交際相手との）恋愛に対する投資コストは、そのあと大きなものにならない、つまり「この先、この人には時間やお金をかける価値がない」と感じやすい、と言います（'16年「クーリエ・ジャポン」講談社、5月15日掲載）。

ゲームと似ているかもしれません。一旦戦況が不利になるなど、望む展開にならないことが分かれば、そのまま投資コスト（時間やお金）をかけて同じゲームを続けるより、つい「リセットしたい」「別のゲームのほうが期待を持てる」と考えてしまいますよね。

また、アプリなどによるバーチャルな出会い自体も「見えないハードル」を上げる確率が高いのだと、気づく必要があります。

仮に、すべてがバーチャルで完結するオンラインゲームであれば、仲間を募る際に、低コストかつ効率よくマッチングできる利点は大きいでしょう。ですが、恋愛や結婚となれば、ほぼ確実にバーチャルだけでは完結しません。

そうすると、「リアル（対面）でデートしましょう」となるたびに、デート代がかかったり貴重な時間を奪われたりします。そのとき、出会うまでにかかったサンクコストの軽さと比較して、「リアルのデートは面倒だ」と感じやすい、ゆえに「この程度の相手のために、これだけ時間とお金を消費した」「大した相手ではなかった」と、つい考えてしまうのです。

「次があるかもしれない」という期待

前章まで見てきた通り、「恋愛」は合理性を重視する「結婚」とは相容れない、極めて曖昧で非合理的な情動感情です。そのうえ、こうした矛盾だらけの思考が追加されることによって、ますます運命の人を遠ざけてしまうのではないか、とも考えられます。

先ほど**【婚活の落とし穴】**の2（**条件の「高望み」**）に挙げた「**認知バイアス**」もまた、超情報化社会の現代だからこそ、認知エラーを起こしやすい現象の一つとされています。

部屋探しを例に考えてみましょう。皆さんは「新たな部屋に引っ越そう」と考えたとき、住宅情報サイトで条件検索をかけたり、不動産仲介サービスの店舗に出向いて条件を伝えたりしますよね。一方で、手持ちの予算が限られていれば、「家賃月10万円以内で、駅徒歩5分以内は無理だろう」など、みずから要求ラインを下げる（限定する）はずです。

ところが、たまたま出向いた仲介サービスの店頭に「月8万円以内」で、駅から徒歩5分以内の物件情報が溢れていたら、どうでしょう。おそらく多くの人は、「だったら月8万円以内でも、いい部屋が見つかるはずだ」や「もっと多くの条件を要求しよう」などと考え、別の仲介サービスに対しても、むしろ強気に出るのではないでしょうか。

先の清水氏は、婚活の場面でもこれと似た現象が起きやすいことを指摘します。すなわち「**確率の認知バイアス**」。主観的な確率が客観的確率とずれていることを示す言葉です。

たとえば、部屋探しで「月8万円以内」の優良物件が数多く目に入ってしまうと、次から

「それが当たり前なんだ」と考えやすいのと同様に、婚活でも、出会いのチャンスが多ければ「次があるかもしれない」と期待水準が高くなり、その時点で妥協せずに「次」を追い求めやすくなります。そのうえ、ズラリと並んだ候補者のなかに「年収６００万円以上」のハイスペック男性や、モデルさながらの見た目（画像）を誇る女性が多いように感じれば、「だったら、もっと強気の水準で相手を探せるはずだ」と、根拠なく主観的確率が上がってしまうのです。

こうなると、一旦は「年収４００万円未満」の男性や一般的な外見の女性を選ぼうかなと迷っても、「もっと水準が高い人を」とスルーしてしまう可能性も出てくるでしょう。

ところが残念ながら、マッチングは自分だけの意思では決まりません。あくまでも互いの合意が必要だということは、多くの人が分かっているはずです。それなのに、意思決定に用いる主観的確率だけが上がってしまうと、客観的な確率、すなわち「水準を上げると、マッチングしづらい」という厳しい現実が見えにくくなってしまうわけです。

「二重過程（システム）理論」

そもそも、こうした非合理的な思考は、なぜ起こるのでしょうか。

図表4-1　二重過程（システム）理論における各システムの行動要素

システム1	システム2
無意識的	意識的
暗示的	明示的
反射的	時間を要する
知覚的な意識	分析、熟慮

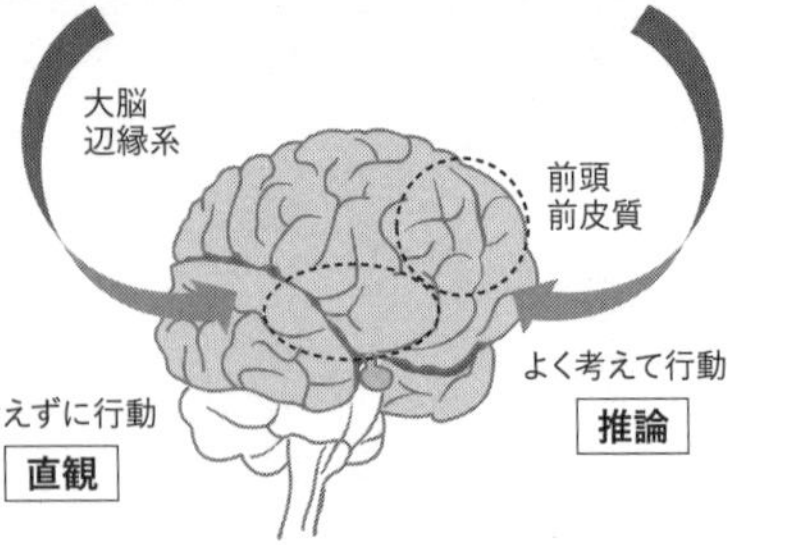

出所）2019年 内閣府 第312回 消費者委員会本会議「行動インサイトを基にした消費者政策」（慶應義塾大学大学院 齋藤長行氏資料）などをもとに作成

その理由を「二重過程（システム）理論（Dual process theory）」という言葉で説明したのが、行動経済学者で「行動経済学の始祖」として知られる、プリンストン大学のダニエル・カーネマン名誉教授です。'02年にノーベル経済学賞を受賞した彼は、私たち人間の思考が「システム1」「システム2」を経て導き出される（図表4－1）ことと、その弊害を示唆しました。

いわく、人間の脳はパワーを省力化するため、何かを思考する際、直観的な「システム1」と推論的な「システム2」で効率的に分担して成果（結論）を導き出せるよう、最適化されている。多くの場合、直観的なシステム１によって（無意識のうちに）素早く処理され、システム２はあまり働かない。そのせいで、得てして認知エラーが起こるのだといいます。

すなわち、先の部屋探しのように、「月８万円以下でも、魅力的な部屋が数多く存在する」と感じれば、「それが当然だ」「もっと水準を上げていいはずだ」などと思い込み、水準に達しない「運命の部屋」を、無意識のうちにスルーしてしまいがちです（認知バイアス）。

また、休日に何を着て行こうかと自宅のクローゼットを見て、「これ」と思える服がないように感じたとき。一つひとつ取り出してゆっくり考える（システム２）のは手間なので、直観的にそれをやめ、「外に買い物に行けば、もっといい服があるはずだ」と判断してリセットしてしまう（システム１／決定回避）、そしていざ外に出ると、心躍る店構えや店員さんの「お似合いですよ」の薦めで、つい勢いで買ってしまう……などです。

恋愛で夢みがちな「ビビッとくる」も、これと似た傾向があると考えられます。

以前から「図書館で手が触れ合うような出会い」に憧れていたなら、そこで出会った相手に対し、「この人はどんな人か」と熟慮する（システム２）より前に、「運命の人だ！」と直観的に（システム１）勘違いしやすいでしょう。逆に、疲れているとき無料の合コンに参加して、参加者を見た瞬間、「どの人にもビビッとこないな」と感じれば（システム1）、じっくり参加者を見つめ直す（システム2）より、「どうせ無料だったし、次に期待しよう」と、本来の運命の人（結婚相手に最適なパートナー）を見逃してしまうかもしれません。

一般的に言われるシステム1の欠陥は、「周囲の環境の影響を受けやすい」ことや「（直前などに）見たものがすべてと思う傾向がある」こと、システム2は「怠け者で、意識しないとシステム1の仮説を正当化してしまう」ことや「（疲れなど）過負荷状態ではとくに、働きが鈍くなる」ことなどです（ダニエル・カーネマン『ファスト&スロー』早川書房）。

つまり、私たち人間は「合理的に判断しよう」と思っても、無意識のうちに数々の認知エラーを起こしており、それは婚活の場でも同様なのです。ですが、その弱みを意識したうえで、直観でなく〝合理的に〟、システム2も働かせたうえで結婚相手を探そうと努めれば、現状より適当な（最適な）「運命の人」に巡り合える確率は、確実に上がるはずなのです。

「なぜ僕には彼女がいないのか」

たとえば、【婚活の落とし穴】の2で示した、「**条件の肥大化**」について。

家賃月8万円以内の限られた予算でも、「駅徒歩5分以内」や「日当たり良好」「ペット可」「敷金礼金０円」など、数多くの条件を満たす物件情報を次々と目にすれば、人はつい「あれもこれも許されるだろう」と求める条件を増やしてしまいます。

ですが、条件が「ＯＲ（または）」でなく「ＡＮＤ（そのうえ）」で増えていくほど、当然ながら、対象となる物件（候補者）は掛け算（割り算）でどんどん減っていくのです。

'10年、これを婚活に当てはめ、みずからの論文で明らかにしたのが、マンチェスター大学のピーター・バッカス准教授です。

彼が書いた「Why I don't have a girlfriend（なぜ僕には彼女がいないのか）」と題する論文は、宇宙に地球外生命体がどれぐらい分布するかを推定する「ドレイクの方程式」を用いて、自身が理想の恋人に出会える確率を計算するという内容です。

具体的には、①まずロンドン在住の女性の数を算出し（約４００万人）、②次に、自身がパートナー候補と考える年齢（24～34歳）に絞り（①のうち20％）、③さらに大卒者にしぼり（②の26％）、④さらに魅力的な女性に絞り（③の5％）、⑤そのうえで自分を魅力的だと思ってくれる女性に絞り（④の5％）、⑥そして独身者に絞り（⑤の50％）、⑦最終的に、自分とウマが合いそうな女性に絞る（⑥の10％）……といった具合です。

その結果、バッカス准教授が求める女性は、イギリスじゅうでたった26人しかいないこと、そのうえロンドンで過ごすひと晩に、その26人と出会える確率は、０・０００３４％しかないことが判明しました（'10年「ロイター」トムソン・ロイター、１月20日掲載ほか）。

日本でも、これと似た数式を提示したのが、元オーネット（楽天グループ）マーケティング部長で、現在は独立して戦略コンサルタントとして活動する、西口敦氏です。彼はオーネット在職時代に、著書『普通のダンナがなぜ見つからない？』（文藝春秋）を執筆、その際に私が行なった取材に対し、「多くの女性が求める『フツー（普通）の男性』は、世の中に０・８％しかいない」と教えてくれました。

いわく、未婚女性は往々にして、結婚のお相手候補に７つほどの「条件」を求める。その多くが、「普通に会話ができる」「普通のルックス」「普通の身長」（以下、清潔感やファッションセンス、学歴、年収ほか）……など、「普通」を頭に付けて考えるので、彼女たちはそれが無茶な要求だとは気づいていない、とのこと。

ですが西口氏は、「たとえ『普通＝50％（０・５）』でも、７つすべてを網羅する男性は、０・５×０・５×……で、単純計算で独身全体の０・００８（０・８％）しかいないことになる」と、改めて厳しい現実を提示しました。

裏を返せば、逆に「これだけは譲れない」という条件をいくつか絞り込むことによって、出会える確率は格段に上がるのです。たとえば「普通の（平均的な）年収」「普通の清潔感」「普通に会話ができる」の3つに絞り込めば、0・5×0・5×0・5＝0・125、すなわち出会える確率は12・5％と、0・8％より10倍以上もアップします。

対象条件が明確になる分、決定回避や選択ストレスも軽減されるでしょう。

ですが、先のギルバート教授らの実験にあったように、私たち人間の約7割（66％）は、つい選択肢が自由な、あるいは多いほうを「幸せ」と感じてしまいます。二重過程理論の「システム1」で、無意識のうちに「そうであるはずだ」と判断してしまうのです。

「条件」から「価値観」へ

こうした認知エラーだけではありません。改めて考えると、現代の未婚者は、恋愛までの「出会い（マッチング）」の段階で、以前より多くの条件を相手に求めています。

’60年代前半までの（結婚の）相手探しと現代とを、比較してみましょう。

当時の出会いは、情熱的な恋愛感情より、年収や年齢、学歴、家柄などの「条件（スペック）」が大きなウエイトを占めていたであろうことは、第2章まででふれた通りです。

このころまでは見合い結婚が主流で、職場や親戚、友達などの紹介による身近な異性しか選択対象になりませんでした。また結婚情報サービスに登録しても、おもに紙や本部の（数台しかない）コンピューターベースで条件設定を行なうため、事前に紙に記した、あるいは対面ヒアリングによる簡単な回答を基に、「年収○○万円以上」「年齢○歳まで」など、半アナログな「条件マッチング」を基本にしていたはずです。

それ以外では、せいぜい仲介役を果たす相談所のコンシェルジュや「世話焼きおばさん（おじさん）」が、「なんとなくあなたに合うと思って」と、自身の（真偽が疑わしい）経験則を基に「リコメンド」していた程度でしょう。

ところが、’60年代後半以降、リアルの場でのマッチングは、条件より「ビビッとくる」など、情熱的な恋愛による出会いを良しとする方向へと移りました。また、’90年代後半以降は、結婚情報サービス各社も、リアルからインターネットへと媒体を変えていきました。

そして、’00年代に入ると、海外から「黒船」たるネット系マッチングサービス（「マッチドットコム」ほか）が次々と日本に上陸。さらに、’12年以降は、スマホの普及と共に婚活アプリやＡＩがマッチングの精度を上げました。

そのことによって、従来「条件」をメインにマッチングを行なっていたサービスの多くで、趣味や志向、生活（人生）観など「価値観マッチング」が可能になったのです。

「価値観マッチング」の罠

たとえば、私も何度か取材経験がある、マッチングアプリ大手「ペアーズ」（エウレカ）の場合。交際に至ったカップルのデータをより詳しく分析することで、「散歩が好きな男性と、カフェ巡りが好きな女性は（なぜか）相性が良い」など、隠れた相性の良さを見いだす、価値観マッチングが可能になりました。

背後にあるのは、ビッグデータとＡＩの存在です。男女の膨大なデータが経年で溜まり続ければ、「散歩好きな男性」と「カフェ巡りが好きな女性」が、なぜか多くマッチングしている、あるいはマッチング後に別れにくい、成婚に至りやすい、といった事実が見えてきます。理由はなぜだか分からない（ブラックボックス）、でもマッチングの成功率が高いなら、そうした二人を結び付けようとの考え方が、いまの主流です。

価値観マッチングは、現代の婚活に欠かせません。なぜなら、独身者（20〜30代）が「結婚相手に求める（求めた）こと」の上位（男性1位、女性2位）は、年収や学歴、容姿などよりはるかに多い割合で、「価値観が近い」だからです。男性で6割弱（59・2％）が、女性では6割強（62・7％）がそう答えています（'22年　内閣府「男女共同参画白書」）。

一方で、もし皆さんが現在独身で、婚活アプリで相手を探すとなった際、「価値観」だけを見て、「条件や見た目は、どうでもいい」となるでしょうか。

おそらく大半が「NO」と答えるはずです。プライオリティ上は「価値観が合う」が1位か2位にくるとしても、それ以外の条件が「どうでもいい」わけではない、つまり選択項目から諸条件を排除することなく、「価値観の合致＋（プラス）いくつかの諸条件」を求める状態となり、条件は増え、むしろ以前よりハードルを上げてしまったことになります。

もちろん、結婚情報サービス各社は、少しでもマッチング確率を上げるべく、様々な工夫を凝らしています。たとえば、相性が良さそうなAさん（男性）とBさん（女性）が、共に夕方5時ごろにアプリを開くケースが多ければ、夕方にお互いのスマホ画面でA、Bさんが上位に表示されるようにする、など。

ですが、事業者だけでなく婚活の当事者たちにも、「価値観マッチング」の登場で自分たちが相手に求める条件がおのずと増えたであろうことを、ぜひ認識して欲しいのです。

ただでさえ、超情報化社会の現代においては、先の「二重過程理論」のシステム1（直観的）により、婚活でも決定回避やリセット傾向、高望みや条件の肥大化など、認知エラーが起きやすい、だからこそ「なんとなく」や「ビビッとくる」といった曖昧な恋愛感情に頼って相手を選ぶのではなく、行動経済学や、このあとお伝えする統計学なども意識した視点で、ぜひ合理的に結婚相手を選んで欲しい……。

ところが近年の若者、Ｚ世代やゆとり世代の多くは、さらに相手選びの条件を（無意識のうちに）プラスして考えていることに、気づいていないようなのです。

マッチング理論が婚活の場で機能しにくい理由

それが先の【婚活の落とし穴】の3、すなわち「**自分だけ抜け駆けしたくない**」「**皆でハッピーになりたい**」との思いです。

彼らに取材するたびに、上の世代に比べ、抜け駆けや贔屓《ひいき》を嫌う世代だと痛感します。コミュニティの中で自分だけ「悪目立ち」したくはないから、また周りの友人・知人らと争いたくないからでしょう。根底には、ＳＮＳの普及によって実態が見えにくくなったとも言われる「深刻ないじめ」の問題や、空気を読みすぎるコミュニティ志向、そして社会貢献欲求などが関係しているのだろうと考えます。

ただその思いが、合コンなどリアルの婚活の場でも、未来のパートナーとのマッチングをより一層、難しくしている可能性が高いのです。

経済学者で大阪大学大学院の安田洋祐教授は、「私の専門分野の一つである『マッチング理論』は、誰もが望ましい相手とパートナーになれる確率を高める理論（**『安定配分の理論』**）ですが、注意すべき点もいくつか存在します」と言います。

理論のベースは、マッチング理論における「GSアルゴリズム」。先駆者は、'62年発表の研究論文において同アルゴリズムを提唱した、カリフォルニア大学ロサンゼルス校のロイド・シャプレー名誉教授（'12年にノーベル経済学賞を受賞）と、共同研究者のデビッド・ゲール氏です。GSは、彼らの頭文字（ゲール＝シャプレー）を取った言葉だといいます（D. Gale and L. S. Shapley [1962], *College Admissions and the Stability of Marriage*, The American Mathematical Monthly. Vol.69, 1)。

ここでは、男性3人のグループ（コウキ、ダイキ、トモキ）と、女性3人のグループ（ルイ、ヒトミ、アイ）がいると仮定し、大前提としてルールを3つ決めましょう。

ア　全員が「絶対に誰かとマッチングしたい」と強く考えていること

イ　各々が「私なら1番はあの人、2番はあの人」とお気に入りのランキング（1～3

位）を全員に開示していること

ウ　プロポーズは男性からで、もし女性にリジェクト（却下）されれば、別の女性にプロポーズできること

まず男性陣が、第1希望の女性にプロポーズする形を取ります。コウキとダイキはルイに、トモキはアイにプロポーズする【第1ラウンド】からスタートです（図表4-2、次ページ）。プロポーズされた女性陣は、自分のお気に入りランキングと照らしながら、一部の男性の提案を〝リジェクト〟していきます。

【第1ラウンド】を見ると、コウキとダイキが同じ女性ルイにプロポーズしており、ルイはどちらか一人を選ばねばなりません。そこで、自身のランキングに照らして上位のコウキ（2位）を〝キープ〟し、下位のダイキ（3位）をリジェクトします。一方で、アイはトモキからしかプロポーズが来なかったので、トモキをキープします。ここまでが、第1ラウンドです。

次からは、リジェクトされてしまった男性が、その次に好む女性にプロポーズを繰り返す形をとっていきます。そのまま、第2、3、4ラウンドまで進みます。

図表4-2　「安定配分の理論」に基づくマッチングイメージ

【第1ラウンド】

■男性陣の好み

	コウキ	ダイキ	トモキ
1位	ルイ	ルイ	アイ
2位	ヒトミ	アイ	ルイ
3位	アイ	ヒトミ	ヒトミ

■女性陣の好み

	ルイ	ヒトミ	アイ
1位	トモキ	トモキ	ダイキ
2位	コウキ	コウキ	トモキ
3位	ダイキ	ダイキ	コウキ

- **コウキ**と**ダイキ**が同じ女性（**ルイ**）にプロポーズ
- **トモキ**は**アイ**にプロポーズ

■男性陣の好み

	コウキ	ダイキ	トモキ
1位	ルイ	ルイ	アイ
2位	ヒトミ	アイ	ルイ
3位	アイ	ヒトミ	ヒトミ

■女性陣の好み

	ルイ	ヒトミ	アイ
1位	トモキ	トモキ	ダイキ
2位	コウキ	コウキ	トモキ
3位	ダイキ	ダイキ	コウキ

- **ルイ**は**コウキ**をキープして**ダイキ**をリジェクト
- **アイ**は**トモキ**をキープ

【第2ラウンド】

■男性陣の好み

	コウキ	ダイキ	トモキ
1位	ルイ	ルイ	アイ
2位	ヒトミ	アイ	ルイ
3位	アイ	ヒトミ	ヒトミ

■女性陣の好み

	ルイ	ヒトミ	アイ
1位	トモキ	トモキ	ダイキ
2位	コウキ	コウキ	トモキ
3位	ダイキ	ダイキ	コウキ

- 第1ラウンドでリジェクトされた**ダイキ**が
  第2希望の**アイ**にプロポーズ

■男性陣の好み

	コウキ	ダイキ	トモキ
1位	ルイ	ルイ	アイ
2位	ヒトミ	アイ	ルイ
3位	アイ	ヒトミ	ヒトミ

■女性陣の好み

	ルイ	ヒトミ	アイ
1位	トモキ	トモキ	ダイキ
2位	コウキ	コウキ	トモキ
3位	ダイキ	ダイキ	コウキ

- **アイ**はキープ相手を**ダイキ**に切り替えて、
  トモキをリジェクト

【第3ラウンド】

■男性陣の好み

	コウキ	ダイキ	トモキ
1位	ルイ	ルイ	アイ
2位	ヒトミ	アイ	ルイ
3位	アイ	ヒトミ	ヒトミ

■女性陣の好み

	ルイ	ヒトミ	アイ
1位	トモキ	トモキ	ダイキ
2位	コウキ	コウキ	トモキ
3位	ダイキ	ダイキ	コウキ

- 第2ラウンドでリジェクトされた**トモキ**が、第2希望の**ルイ**にプロポーズ

■男性陣の好み

	コウキ	ダイキ	トモキ
1位	ルイ	ルイ	アイ
2位	ヒトミ	アイ	ルイ
3位	アイ	ヒトミ	ヒトミ

■女性陣の好み

	ルイ	ヒトミ	アイ
1位	トモキ	トモキ	ダイキ
2位	コウキ	コウキ	トモキ
3位	ダイキ	ダイキ	コウキ

- **ルイ**はキープ相手を**トモキ**に切り替えて、**コウキ**をリジェクト

【第4（最終）ラウンド】

■男性陣の好み

	コウキ	ダイキ	トモキ
1位	ルイ	ルイ	アイ
2位	ヒトミ	アイ	ルイ
3位	アイ	ヒトミ	ヒトミ

■女性陣の好み

	ルイ	ヒトミ	アイ
1位	トモキ	トモキ	ダイキ
2位	コウキ	コウキ	トモキ
3位	ダイキ	ダイキ	コウキ

- リジェクトされた**コウキ**が**ヒトミ**にプロポーズ
- 新たにリジェクトが起こらず、終了！

■男性陣の好み

	コウキ	ダイキ	トモキ
1位	ルイ	ルイ	アイ
2位	ヒトミ	アイ	ルイ
3位	アイ	ヒトミ	ヒトミ

■女性陣の好み

	ルイ	ヒトミ	アイ
1位	トモキ	トモキ	ダイキ
2位	コウキ	コウキ	トモキ
3位	ダイキ	ダイキ	コウキ

出所）2012年「東洋経済オンライン」東洋経済新報社（11月12日掲載）をもとに作成

最終的には**【第4ラウンド】**のように、6人全員がそれぞれ別々の異性をキープし、男性陣は全員が「お気に入り2位」の女性とマッチング。女性陣も、ヒトミが2位のコウキと、ルイとアイが自身の1位（トモキとダイキ）とそれぞれマッチングし、不公平感も少ない状態です。

同時に、これ以上は誰もリジェクトされない状態となり、「ここでGSアルゴリズムは止まり、全員が無事、異性とのマッチングに成功したことになります」と安田教授。

ただし、「誰もが望ましい相手とパートナーになる」ためには、わずか男女3人ずつでも、（数理的には）これだけ複雑な過程を踏む必要があります。現実には難しそうですよね。

安田教授も、こうしたマッチング理論が、現実の婚活の場では機能しにくい理由として、「**①ルール設定**」「**②嘘のインセンティブ**」、そして「**③人気の序列化**」を課題に挙げます。

まず、①（**ルール設定**）について。GSアルゴリズムで「安定マッチング」、すなわち皆がハッピーになれる、理想的なマッチング結果（ゴール）にまでたどり着くためには、大前提として先のア〜ウのようなルールを、対象者全員でキチンと共有しておく必要があるといいます。

また、得てして発生しやすいのが、②（**嘘のインセンティブ**）でしょう。

今回、安田教授が提示してくれた「男女3対3（人）」の例では、自分自身のランキング情報について、仮に「嘘」をついたとしても、誰も得することができない状態でした。一般に、GSアルゴリズムにおいては、プロポーズ側が嘘をついても得することはできないとされますが、受け入れ側のほうには、嘘をつくメリットが生じるケースもあるそうで、「残念ながら『嘘のインセンティブ』を完全になくすことは不可能です」とのこと。かなりの確率で、誰かによる嘘や抜け駆けが起こり得る、そうなれば安定マッチングは達成できず、ズルい人が得しやすいそうです。

そして、③（**人気の序列化**）について。安田教授は「婚活市場において、参加者の諸条件や各々の好み（モテる・モテない）に関する情報が共有、可視化されると、成立するカップル自体は減ってしまうかもしれません」とさえ言います。

さらに雲行きが怪しくなってきました。つまりはこうです。

マッチング対象者が、それぞれ「多様な（異なる）異性の好み」を有している、あるいは見た目や「経済的豊かさ（年収、家柄など資産ほか）」などが全員〝一定より上〟の状態であれば、「人気の序列化」は目立って生まれにくいものです。

ですが、今日のように経済格差が顕著な社会では、とくに女性の間で「少しでも経済的に豊かな相手を」などと望むケースが増えやすく、そのことで人気の序列化が発生し、「決定行動が早い、あるいは見た目や諸条件で他より上位に来やすい女性が、上位の男性とマッチングすることになる」と安田教授。取り残されたほうも、極端に妥協水準を下げるわけではないでしょう。

つまり、序列の上位（モテる男女）同士がカップルになることで、上位者の満足度は互いに最大化されますが、取り残される人の数も増え、カップル自体は減ってしまうのです。

4・2 「ただ一人」の相手を見つけるために

「婚活」改善策①——最適停止理論を活用する

なんだか絶望的な気持ちにもなりますが、ご安心ください。婚活における人間の非合理的な行動や不平等なマッチングも、数学や統計学を用いれば、合理的に一定の改善が図れます。

そこで本章の最後に、婚活における合理的な改善策を3つ、ご紹介しましょう。

1つ目は、おもに**マッチングアプリなどで憂慮される「決定回避」の改善策**について。

図表4-3　「秘書問題」に基づく最適停止理論

この問題の最適ポリシーを停止規則（stopping rule）と呼ぶ。それに従うと、面接者は最初のr人の応募者をスキップし、その次の応募者が候補者（すなわち、それまでに面接した中で最もよい応募者）なら採用する。任意のrについて最善の応募者を選択する確率は次の通りである。

$$P(r)=\sum_{j=r}^{n}\left(\frac{1}{n}\right)\left(\frac{r-1}{j-1}\right)=\left(\frac{r-1}{n}\right)\sum_{j=r}^{n}\left(\frac{1}{j-1}\right)$$

nが無限大に近づくとして、r/nの極限をx、j/nをt、$1/n$をdtとすると、上記の総和は次の積分で近似できる。

$$P(r)=x\int_{x}^{1}\frac{1}{t}\,dt=-x\log(x)$$

$P(r)$のxについての導関数をとり、それを0としてxについて解くと、最適なxが$1/e$であることが分かる。したがって最適な切捨て（スキップ）はnが増大するにつれてn/eに近づいていき、最善の応募者を選択する確率は$1/e$に近づいていく。最善を選択する確率は、非常に急速に$1/e\approx 0.368$に収束する。

出所）『面白くてやめられない！　人生の数学』（宝島社／監修：横山明日希）ほかをもとに作成

既述の通り、この先も数限りない出会いが用意されているように感じると、最後の一人（結婚の相手候補）に絞り込む段階で、つい決定を先送りしたり、「もういいや」と決断自体をやめてしまったりしがちです。

ですが、数学者でロンドン大学のハンナ・フライ准教授は、人生におけるベストパートナーを選ぶ確率を最大化しようとする、最適停止ポイントを提示しました。

それが、数学や統計学で「最適停止問題」や「秘書問題」と呼ばれる理論です。面接に来た候補者の中から、最も優秀な1人を確実に選ぶにはどうすればいいか、との命題に対する解で、（図表4-3）のような数式に基づいてはじき出されます。

これを婚活に落とし込むと、次のような結論になるとフライ准教授は言います。

「あなたが、15歳で誰かと人生初のデートをし、40歳までに結婚相手を決めたいなら、初めの37%の期間（24歳ぐらいか?）までに出会った人とは『付き合ってみるだけ』で無条件に別れ、その次に（38%以降に）出会った人の中で、それまで出会った誰よりも素敵だ（ナンバー1）と思う、最初の人を選んでください」

「いかにもモテそう」より「残念な容姿」のほうがいい?

本来「秘書問題」においては、面接に来る人の数があらかじめ「○人」と分かるので、100人来るなら「初めの37人目まではすべて断り～」となり、半分の50人しか来ないなら「初めの18～19人目（37人目の2分の1）まではすべて断り～」となります。

ところが婚活の場合は、自分がこのあと何人とデートできるかが分かりにくい、よって、①初めに「何歳で人生初のデートをしたか」を思い出し、②次に「何歳までに結婚したいか」を考え、③「②―①」で人生における全デート期間を割り出し、④その期間を100としたうえで、「37%」に当たるのがいつなのか考える……という作業が必要になります。

少々面倒にも思えますが、自分に最適なパートナーを決定すべきタイミングは、既に確率論からはじき出されているのです。それが分かっていれば、「もう少し待てば、素敵な人と出会えるはず」や、「皆でハッピーになりたいから、しばらくは告白しなくていい」などと、「なんとなく（システム1）」で、出会いや告白を先送りする必要がなくなりますよね。

私の知人も、まさにこうした確率論を基に、40代前半で結婚相手を決め（75人目に出会った人と結婚）、さらに30代前半から凍結していた卵子を使って、妊娠・出産の夢も叶えました。いまも働きながら、子どもとパートナーと共に幸せに暮らしています。

ちなみに、フライ准教授はマッチングアプリ上で使う「プロフィール画像」についても、「多くの異性に『いかにもモテそう』な外見の人より、一部の人に『残念な容姿』と思われる人のほうが、出会いの可能性が高い」といいます。つまり、下手に〝盛らない〟ほうがいいということです。

具体的には、彼女が出会い系ネットワークサービス（OkCupid）と共に、「登録者の魅力度を、1〜5で評価」してもらった結果、評価が「4（平均より高い）」に集中するような女性は、「いいね！」を押す男性の数は多いものの、その後、メッセージのやり取りにまで発展するケースがさほど多くなく、むしろ「1」や「2」も含めて評価がバラつく〝個性的な容姿〟の女性のほうが、その先にまで発展していたというのです（同「TED Talks—

愛を語る数学」)。

なぜかといえば、婚活が「投網漁」でなく「一本釣り」で、多くの異性にモテればいいわけではないからでしょう。また、あまりにも目立って「いいね！」をもらうような女性は、「どうせ自分には振り向いてくれないだろう」と、弱腰になる男性が多いのかもしれません。

でもこれは、決して悪いことではないのです。先のマッチング理論で安田教授が指摘した通り、マッチング対象者が「多様な（異なる）異性の好み」を有していたほうが、世の多くの人々がカップルになれる確率は高まります。誰もがむやみに「ナンバー1」を追うより、自分本来の嗜好に合った人を、適正なタイミングで選ぶことにより、自分だけでなく社会全体が幸せになれる確率も、高まると言えるでしょう。

「婚活」改善策②——範囲を狭め「条件」を絞る

2つ目は、**マッチング確率を高めるために、相手探しの「プール（範囲）」を狭めたり、「条件」を絞り込んだりする**べきである、ということ。これは既に、バッカス准教授の「ドレイクの方程式」などでご理解いただけましたよね。

婚活の場では、得てして「あれもこれも」と条件の数を増やしたり、条件そのものを厳しくしたり（たとえば、「年収４００万円程度→６００万円以上の人」としたり）しやすいものです。ですがこうしたことが、先の主観的確率と客観的確率のズレ（認知バイアス）を生み、結果的にマッチングを困難にします。

私はそれでも、目的が「遊びで恋愛する」相手探しであれば、問題ないと思います。何歳になっても「あー、いい人に出会えない」などと半ば楽しみながら、あるいは「また別の人とデートしてみようかな」とワクワク相手を取り換えながら、次々と〝隣の芝生〟と刹那的に恋愛ゲームを楽しめるのも、シングルの特権なのですから。

けれど、もしあなたが真剣に、しかも一定期間内に結婚相手を探そうと思うなら……。ただでさえ認知エラーが起きやすい情報化社会のいま、極めて曖昧なカンや思い付きに頼って相手選びしようとしても、勘違いが起きたり、いたずらに時間が過ぎたりするだけです。

ご存じの方も多いでしょう。確率論でいえば、現在40歳以上の未婚者で、今後5年以内に結婚できる人は、男性で１００人中８〜９人、女性では１００人中３人しかいません。

また近年は、俳優の星野源さんと女優の新垣結衣さん（40歳と32歳で結婚）のように、10歳前後の「年の差婚」もブームなので、男性のなかには、「40歳を過ぎても、たぶん20〜30代の女性と結婚できるだろう」と、漠然と考えている人も少なくないのですが、これも確率論でいえば、40代前半の男性が30代前半の女性（共に未婚）と結婚できる確率は、わずか１・４％しかいないのです（'19年　厚生労働省「人口動態統計」ほか）。

「婚活」改善策③——みずから先に告白する

こうしたことも踏まえて、最後に改善策としてご提案したいのが３つ目、すなわち「**自分から告白する**」ほうが、確率論的に、最適なパートナーに出会いやすいという事実です。

先ほどご紹介した、安田教授のＧＳアルゴリズムにおいては、男女３人ずつのマッチングで、たまたま男女に不公平感がない状態でした。ところが「通常は、プロポーズするほう（今回でいえば男性）が、されるほうより有利（希望が通りやすい）になります」とのこと。

行動心理学上も、同じようなことが言えます。よく例に挙げられるのが、「好意の返報性」、すなわち人は相手から好意を示されると、おのずと相手に好ましい感情を抱く性質がある、という法則でしょう。

デパ地下の試食コーナーは、これを応用しているとされますよね。「いかがですか？」と笑顔で、しかも無料で美味しいモノを食べさせてもらうと、「せっかく好意的に誘ってくれたのだから、自分もなにかお返ししてあげないと悪いかな」と感じ、その後につい買ってしまう、という流れです。

この場合の購入者（誘われた側）は、「ほかの商品も選べる」という機会や予算を存分に有しているとは限りません。販売員に誘われたことによって、本来なら別のモノを選べたかもしれないのに、「好意の返報性」により、意思決定を変えた可能性があるのです。

もっとも、私たち人間は「損失回避バイアス」を有しており、「多くの人は『利得の喜び』より『損失の悲しみ』のほうを大きく感じる」と言われます。先のカーネマン名誉教授らによれば、その大きさは時として、後者（失う悲しみ）のほうが2倍以上大きく、だからこそ人は、損や失敗しそうなことは避ける傾向にある、とされます。告白もその一つでしょう。

なかでも私たち日本人は、「安心感」の源となるセロトニントランスポーター（蛋白質）の働きが遺伝的に弱いと言われ、欧米人などに比べて「不確実性を嫌う」とされる種族です（'19年「nippon.com」笹川平和財団、7月26日掲載）。ましてや「自己責任論」がまことしやかに叫ばれる社会においては、振られるリスクを冒してまで「告白しよう」と考えにくいのも当然でしょう。

シングル女性の皆さんに伝えたいこと

ですが、ここでシングル女性の皆さんにお伝えします。

第3章で福岡教授が言及したように、私たち人類においては、「イヴがアダムを」作り出しました。また更科教授も指摘した通り、今日の配偶システムに近い「一夫一婦」の始まりも、メスの望みにオスが応じた結果ではないかと見られています。

私が’04年、拙著『「おひとりさま」マーケット』を書いたときもそうでした。それまで、日本では男女ともに「ひとりで行動するのは、肩身が狭い」や「ひとり客は奇異な目で見られる」などとされており、出版直後、ある大手旅行会社で講演した際も、年配の男性社員からこう言われたのです。

「牛窪さんは『女性のひとり客にニーズがある』なんて言いますが、女性がひとりでやって来たら、旅館やホテルは『自殺しに来た』と思うに決まってるじゃないですか」

あれから約20年。いまや全国のホテルや旅館が、当たり前のように、女性を意識した「おひとりさまプラン」を展開するようになりました。市場の激変は、ホテルや旅館側がみずから仕掛けたから起こったのではなく、おひとりさま自身が「女性だって、ひとりで行動していいはずだ」と、積極的に利用する勇気を持ったからです。

一般に、女性は時代の変化に敏感で、時代を大きく変えるパワーを持っています。だからこそ婚活の場においても、そろそろ「まず男性が告白してくれないと」や、「自分より年収が高い男性とでないと（上昇婚）」といった古い既成概念を捨て、より多様な、より自由な視点で、結婚相手を探してみてもいいのではないでしょうか。

女性から「結婚を前提に、お付き合いしてくれませんか」とクールに呼びかけるのも良いでしょう。「恋愛」を前提にすれば、つい「男性が奢ってくれないと」や「告白してくれないと」「リードしてくれないと」といった、歪んだ性別役割分業志向にとらわれてしまうかもしれませんが、結婚は違います。

文字通り、男女平等の結婚生活を望むなら、浮ついた口説き文句や、表面上の高収入に惑わされることなく、互いの信頼関係やコミットメント、「価値観をすり合わせられる相手か否か」など、現実的な視点で、みずからリードして相手を選んで欲しいのです。

その過程では、次章でふれる社会環境のサポートも重要でしょう。ただ少なくとも、女性の上昇婚志向については、そろそろ「革命」を起こすべき時期だと思います。

日本はヨーロッパに比べ、女性が自身より「社会的地位（学歴や収入など）」が低い男性と結婚する（下降婚）割合が、明らかに低いのです。東京大学大学院の赤川学教授によれば、その割合がおよそ16・3％で、スウェーデン（37・0％）やフィンランド（34・8％）、フランス（30・6％）などヨーロッパ各国に比べ、2割前後も低いとされます（『日本の死角』現代ビジネス編集部、講談社）。

婚活は「投網漁」でなく「一本釣り」

本章で見てきたように、近年の婚活市場においては、ただなんとなく「いいな」と思う相手を探そうと思っても、マッチングしづらい現実があります。またマッチング確率を上げようと思えば、最初から条件を2、3に絞り込んだり、最適停止理論に従ったり、みずから主体的に動いて呼びかけたりする必要があるでしょう。

そして、重要なのは「多様性」です。

繰り返しますが、婚活は「投網漁」でなく「一本釣り」なのです。多くの魚を釣り上げる必要はありません。あなたと信頼関係を築き、共に人生をアップデートしていける〝ただ一人〟の相手を、あなたなりの価値観によって見つけ出せば良いのです。

結婚当初は、「こんなはずじゃなかった」と少し後悔するかもしれません。ですが大丈夫、互いの人生の成功にコミットできる相手であれば、十分乗り越えていけるはずです。最初から１００％の相手でなくとも、80％を二人で協力して１００％に近づけていける相手か否かが重要なのです。

実は、最初から相手に盲目になりやすい「恋愛結婚」より、「見合い結婚」のほうが、結婚10年後の満足度が高い、との研究結果もあります。

これを示したのは、先のコロンビア大学のアイエンガー教授です。彼女が、恋愛結婚と見合い結婚で結婚したカップルの、結婚後の満足度を「91点満点」で測ったところ、結婚後１年以内では、恋愛結婚（70点）のほうが見合い結婚（58点）より満足度が高かった半面、結婚後10年を超えると、この結果が逆転し、見合い結婚（68点）が恋愛結婚（40点）の満足度を30点近く上回ることが分かったのです（同『選択の科学』文藝春秋）。

背後には「恋愛3年説」のほか、よく言われる「14番目の月」理論があるのかもしれません。すなわち、最初から「満月（15番目の月／満足度１００％）」の状態でゴールインした恋愛結婚のカップルは、結婚生活という現実に直面した途端、「こんなはずじゃなかった」と、まるで満月が欠けていくように、１００％から減点法で相手を見るようになる。ですが見合い結婚の場合、最初の段階では互いへの評価が少し低いため、結婚後に「満月に近づこう」と共に努力する傾向が強く、結果として数年後には、そちらの満足度のほうが高くなる、といった考え方です。

100%まで燃え上がったあとでゴールインする、恋愛結婚のような「満月」を求めるより、共に不足を補い合って生活を育めるような「14番目の月」の相手を探す、そんな視点も意識したうえで、ぜひ最終章をお読みいただければと思います。

また、今日の結婚をこれ以上「劣化」させないために、政府や自治体、企業がいま成すべきことは何なのか、そして、シングル男女の皆さん自身はどのような点に心を配るべきなのか、具体的に見ていきましょう。

第5章

経済格差と社会通念の壁

「共創結婚」に向けた24の提言

ここまでお読みいただき、ありがとうございます。

改めて、本書ではロマンティック・ラブ・イデオロギー、すなわち恋愛・結婚・出産の三位一体化が、ヨーロッパでも日本でも、多分に大人の事情から結合したものであることをご紹介し、令和のいま、結婚と恋愛を切り離して考えるべきではないかと提案してきました。

前章まで一貫してこだわってきたのは、若者の8割以上が望む「結婚」です。

最初から多彩な婚姻システムを論じるより、まずシンプルに「結婚」にこだわろう、と決めて書き進めてきたのは、人が最初から多すぎる選択肢を用意されると、しばしば「選べない」といった認知エラーを引き起こすから、でもありました。また、私たちは手順や制度が大変そうに見えたり、イメージが難解だったりすると、自分に有利なことでも「面倒（そう）だから、やめておこう」とスルーしやすい（行動経済学で「スラッジ（sludge／魔のぬかるみ）」）、とも言われます。

一方で、ヒトが長きにわたる進化の過程で生き残ってこられたのは、先祖が自分とまったく同じ遺伝子をコピーする「無性生殖」ではなく、多様な遺伝子を受け継いでいく「有性生殖」を選んだからでしょう。多様性こそが、私たち人間存続の原点です。

令和の社会も、「結婚するかしないか」の二択に留まらず、早急に〝多様な〟結婚や家族の形、すなわち（選択的）夫婦別姓や事実婚、同棲婚、そして同性婚や未婚で出産するシングルマザー、養子縁組などの多彩なバリエーションを整備すべきだと思います。それこそが、Z世代をはじめとした令和のカップルが、「誰かと共に創りあげていきたい」とする、「共創」を取り入れた新たな婚姻の概念、すなわち「共創結婚」に繋がるからです。

そこで最終章の本章では、「恋愛は面倒」とする令和の若者たちが、なぜ「それでも結婚はしたい」と考えているのか、また彼らが望む結婚とはどのような形態で、私たち大人が果たすべき責任や役割とはどのようなものなのか、を見ていこうと思います。

大きなキーワードは「経済格差」と「社会通念」の〝壁〟です。

5・1　経済格差の壁を越える

「結婚どころじゃない」の正体

第1章でご紹介しましたが、昨今の未婚率の高さは、雇用形態や年収の「格差」と強く結びついています。30～34歳で既婚の男性は、「正規（雇用）」では約6割ですが、「非正規」

図表５－１　年収別・男性（25～39歳）既婚者の割合

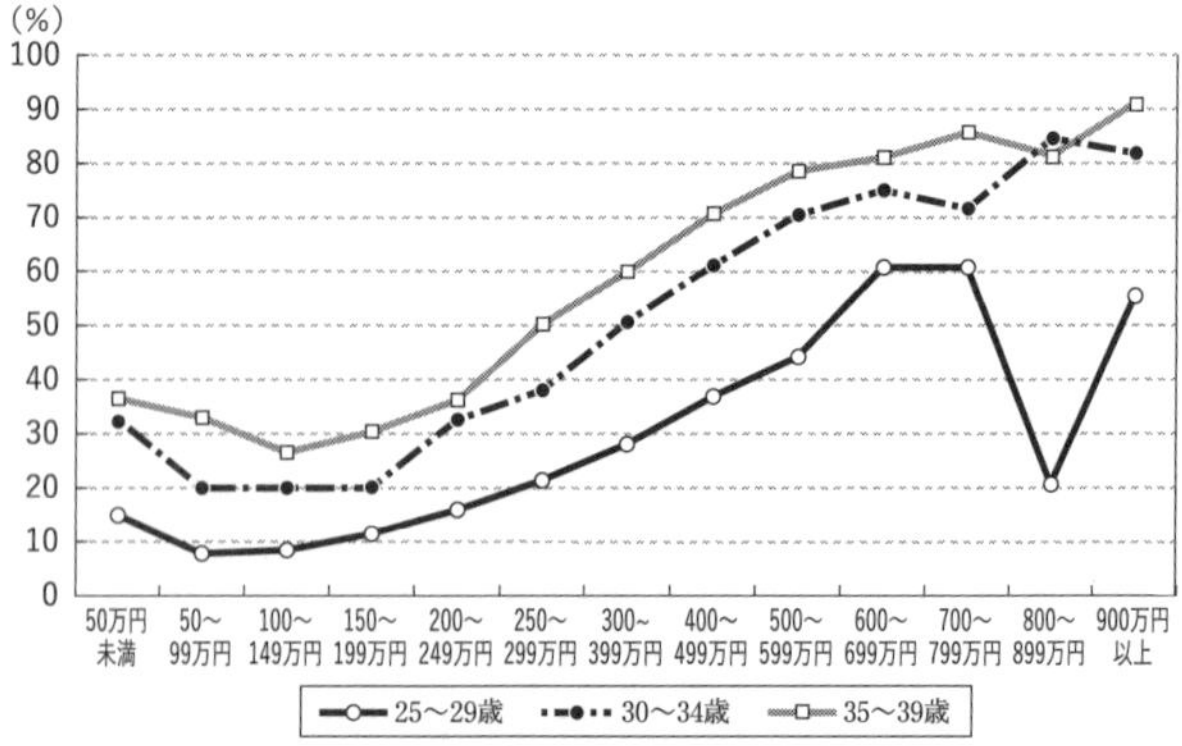

出所）2022年 内閣府「少子化社会対策白書」をもとに作成
注：労働政策研究・研修機構が独自に「就業構造基本調査」を二次集計・分析

では約2割しかいません。同じく30～34歳男性の「年収」と未既婚の関係を見ても、年収５００～５９９万円では既婚が7割超にのぼるのに対し、同２００～２９９万円では４割弱に留まります（図表５－１）（２０２２年内閣府「少子化社会対策白書」）。

　現状の未既婚だけでなく、山田昌弘教授が「希望格差」と表現した「結婚意欲（希望）」との関係も深刻です。仕事が不安定だったり低年収だったりする人ほど、「結婚どころじゃない」「そんな（心の）余裕はない」と結婚に希望を抱いておらず、既にこうした傾向が、女性にまで波及しているのです。

　先の内閣府の「男女共同参画白書」（'22年）を見ても、「積極的に結婚したいと思わない」

図表5-2　「積極的に結婚したいと思わない」理由（20〜39歳独身男女）

〈※順位は女性のほうの1〜10位〉

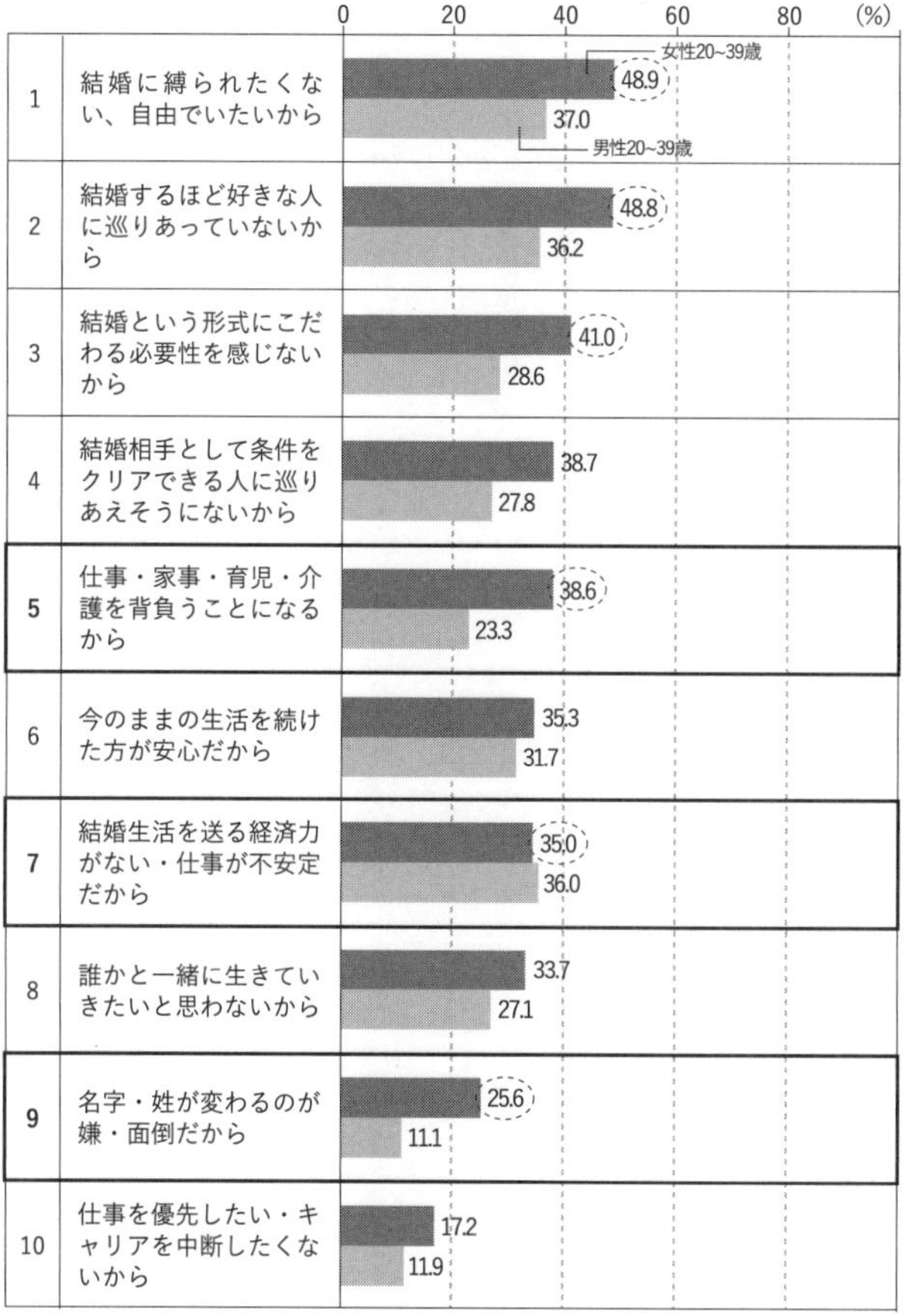

出所）2022年 内閣府「男女共同参画白書」をもとに作成
注：「当てはまる」「やや当てはまる」の累計値を掲載

理由として、20～30代独身者の4割弱が挙げたのは、男女ともに「結婚生活を送る経済力がない・仕事が不安定だから」でした。男性で36・0％、女性で35・0％と、回答割合に男女差がほとんど見られないのが実情です（図表5-2、前ページ）。

なぜ未婚（独身）女性にも、結婚の希望格差が及んだのか、理由は大きく2つあると考えます。

1つは、奨学金の借り入れをはじめ、学生時代からの経済苦、もう1つは「共働き」を前提とした働き方の変化でしょう。以下にポイントを挙げながら、みていきます。

経済格差（1）「奨学金が返せない」

既述の通り、いまや4年制大学（昼間部）に通う学生の約半数（49・6％）が奨学金を借りており、平均受給額はおよそ310万円にものぼります。受給率は、’96年（21・2％）の2倍以上に増えた計算です（’20年 日本学生支援機構「学生生活調査」ほか）。

背後には、今日の大学生の親の多くが、先の「貧乏クジ世代」（団塊ジュニア）に当たり、両親の生活が決して楽ではないこと、また大学進学率が上がる一方で、大学の年間授業料がこの約30年（’91年→’21年）の間に、とくに私立で約1・5倍（約64万円→約93万円）にも値上がりしたことも関係しているでしょう（’21年 文部科学省調べ）。
学生時代から、既に数百万円という借金を背負わされた彼らが、「結婚は嗜好品」や「子どもは贅沢品」、あるいは「結婚は無理ゲー（無理なゲーム）」といった声を上げるのも当然ではないでしょうか。武蔵大学の大内裕和教授（教育学者）も、新聞の取材に対し、「奨学金の返済負担による未婚化・少子化は深刻だ」と答えています（’22年 東京新聞、8月12日掲載）。

ひとたび海外に目をやると、ヨーロッパは大学の学費を無料とする国が多いほか、アメリカもスカラーシップ（奨学金制度）の基本は「返済不要」で、有利子の教育ローンと明確に区別しています。ところが日本の奨学金は、世帯所得などによって受給資格が線引きされるうえ、６割以上が有利子です。本当にこれで良いのでしょうか。

政治の大きな役目は、若者に未来の希望を抱かせることであるはずです。彼らの未来への出資は、「施し」ではなく「投資」でしょう。イノベーションに官民１２０兆円もの投資目標を掲げるのであれば、その一部をなぜ奨学金関連に回さないのか、理解できません。

現代は生活上のリスクが「10～20代の『人生前半』に始まる」とし、「人生前半の社会保障」の重要性を説いたのは、京都大学 人間・環境学研究科の広井良典教授です。彼は、教育世界一とも言われるフィンランドの元議員イルッカ・タイパレ氏の著書を引用し、「福祉社会と（国際）競争力は互いにパートナー」関係にあり、無料の学校教育等によってもたらされる市民のしあわせと社会の安定は〝特許のないイノベーションである〟と述べました（'10年「イミダス」集英社、4月9日掲載）。

まさに若者への教育支援こそが、未来の国際競争力にも繋がるイノベーションの源泉でしょう。いまこそ、人生前半の社会保障を「投資」と捉え直す時期ではないでしょうか。

一方で、私は40代後半で大学院に通い、ＭＢＡを取得しました。後述する「リスキリング（職業能力の再開発、再教育）」の拡充、あるいは学歴偏重や新卒一括採用の見直しなど、経済苦にある20代が必ずしも「大卒」「院卒」にこだわらなくて済む、そして30〜40代になっても学び直しできる社会の実現を目指すことも、非常に重要だと思います。

★提言１：**奨学金支援を、「イノベーションの源泉＝投資」と捉えるべし**

★提言２：**リスキリングの拡充も含め、20代前半の学歴にこだわらない社会の実現を**

経済格差（２）「生理用品が買えない」

恥ずかしながら私自身、インタビュー調査を行なうまでは気づきませんでした。令和の女子高生・女子大生らの５人に１人（約20％）が、金銭的理由から、生理用品を買うのに苦労していることを（’21年「#みんなの生理」調べ）。

「生理の貧困」は’21年３月ごろ、ＳＮＳ上で話題になり始めました。Ｚ世代の女性たちから「同世代に声を上げてもらえて嬉しかった」「それまで毎月（生理が来るたび）、女に生まれて損したと思っていた」などと聞かされたのも、このころです。

とくに’20年２月以降は、新型コロナによる「緊急事態宣言」が発令され、一時期アルバイト収入が減額になるなど、苦しい生活を強いられる学生も増えました。翌年、私がレギュラー出演していたテレビ番組でスタッフが取材した女子大生は、三度の食費が捻出できず、朝から自治体提供の食料給付（無料）の列に並び、友人と道端の野草（食用可）を摘んで天ぷらにして食べていたほどです（「所さん！大変ですよ」ＮＨＫ総合、同２月11日放映分）。笑顔の裏で悲鳴を上げていたことを知り、本当にショックでした。

’21年の文部科学省の調査でも、なんらかの経済的な悩みを抱えている大学生・高等専門学校生が４割を超えています。学生（昼間）は雇用保険法上「労働者」として扱われず、先の奨学金問題も含めて、苦境が見えにくい難しさもあるでしょう。社会保障が手厚い国として知られるフランスでさえ、コロナ禍で若者たちにまで経済苦境や生理の貧困が広がったほか、学生を中心に74％が、経済的理由から「定期的に食事を抜くなどしている」と回答したそうです（'21年「国際ニュースナビ」ＮＨＫ、2月18日掲載）。

半面、生理用品が買えない問題は、ハッシュタグ付きツイート「#生理の貧困」と呟かれたことで大きなムーブメントとなり、その後、全国の大学で「学内のトイレに生理用品を無償設置しよう」との動きが広がりました。また商業施設「ららぽーと」を展開する三井不動産など民間企業も、施設トイレへの生理用品の無料提供など支援サービスを導入するようになったのです。

私も、コロナ禍でとくに気をつけるようになりましたが、ＳＮＳ上で若者と思しき人々の呟きをチェックすると、多少なりとも彼らの苦境が分かります。とくに昨今は「#」を付けて悩みを呟く若者も多いので、40代以上の方々もふだんから若い世代の呟きに関心を持ち、「自分にもなにかできないか」と考えたり、企業や地域単位で具体的な支援を検討したりすることができるのではないでしょうか。

★提言3：SNSで若者が訴える悩みに関心をもち、自分ごととして救済策を考えよ

経済格差（3）「支援情報が届かない、分からない」

日本政府も一時期、コロナ禍におけるアルバイトの減額分などを「休業支援金」の受給対象にするなど、まったく配慮しなかったわけではありません。

ただ若者と話してみると、通学する大学や個々人の「情報格差」によって、制度の認知度や活用意欲にバラつきがあったのも事実です。今回の取材でも、休業支援金など制度自体は知っていても、「よく分からない」「周りに詳しい人がいない」などでスルーする学生が多いことを知りました。まさに、本章の冒頭であげた「スラッジ」でしょう。

ご存じでしょうか、現20代の20人に1人以上（約5％強）は、スマホどころか携帯電話さえ保有していないのです（'22年　総務省「通信利用動向調査」）。

「はじめに」でご紹介したコトラー名誉教授が指摘する「Digital divide（デジタル・デバイド）」、すなわち情報格差が、学歴や所得、資産など「経済格差」の増大を招く恐れが、日本でも現実のものとなっている可能性があります。

今後、若者の経済格差を是正するうえでは、デジタル教育が始まった小中学校の子どもだけでなく、高校・大学生など少し上の年代にも、スマホ貸与やＷｉ－Ｆｉを自宅に導入する際の助成金検討など、デジタル支援を行なうことが不可欠でしょう。同時に、各種制度をできるだけ広く、分かりやすく伝えていくことも必要ではないでしょうか。

★提言４：**高校・大学生にもスマホ貸与やＷｉ－Ｆｉ導入時助成などデジタル支援を**
★提言５：**「スラッジ」を避け、支援情報は、広く分かりやすく伝えよ**

経済格差（４）女性も「低年収だから結婚できない」

いまや、結婚後もなんらかの仕事を続ける女性が、約８割存在します。また近年は第一子出産後も、既婚女性の４割強しか仕事を辞めません（「第16回出生動向基本調査」）。

そんななか、男性の５割弱が未来の妻に「経済力」を求めるようになったのは、既述の通りです。ゆえに令和のいまは、男性に限らず女性自身も、未婚段階から「年収２００万円にも満たない自分は、きっとこの先も結婚できない」や「非正規（雇用）だから、どうせ異性との出会いもない」など、結婚に後ろ向きなケースが目立つのです。

一因は、これまで「ヨーロッパの７割程度」と言われてきた、賃金水準の低さでしょう。厚労省の審議会は'23年度、最低賃金を全国で初めて「１０００円以上（１００２円）」としたほか、同年の春闘前には「インフレ率を超える賃上げの実現を」と訴えました。春闘の平均賃上げ率が30年ぶりの高水準（３・５８％）を記録したのは、特筆に値すると思います。

半面、'23年もウクライナ問題などの影響から光熱費や生活用品の値上げが相次ぎ、いわゆる「実質賃金」はしばらくマイナス成長が続きました。物価が顕著に上がってしまえば、手にする収入が多少増えても生活は楽にならない、ここが難しいところです。

実は「婚姻率」の減少が、実質賃金指数の減少と強い相関関係にある、とみる識者もいます（'23年　荒川和久「Ｙａｈｏｏ！ニュース」３月８日掲載）。その意味でも、女性も含めた若い世代の実質賃金を、継続的に上昇させていく努力は不可欠です。

ただ、それだけでは足りません。そもそも非正規と正規の間には、第１章でふれた大きな年収格差があるほか、非正規では賃上げの恩恵を受けられない男女も大勢います。

「非正規春闘２０２３実行委員会」（個人加盟の労働組合が結成した団体）による'23年の調査でも、春の段階で、約8割が「賃上げされず予定もない」と答え、約9割が、物価上昇に伴う生活苦を訴えました（同「共同通信」4月3日配信）。

つまり賃上げは当然ながら、フリーランスも含めた非正規を「永遠の非正規」にしない視点こそが、女性にも結婚への希望を失わせないうえで、重要であるはずです。

★提言６：**最低賃金だけでなく「実質賃金」の下降抑制にも配慮を**
★提言７：**男女共に、非正規を「永遠の非正規」にしない施策を**

経済格差（5）「非正規だと、結婚相手に迷惑がかかる」

働き方や女性の意識変化に詳しい、ジャーナリストの浜田敬子氏は、「カップルいずれかが非正規の場合、『結婚後に（生活費や時間の融通で）相手に迷惑をかけたくないから』と、結婚を躊躇している可能性がある」と指摘します。背後には、非正規の異性との結婚を望ま

図表5‐3　初職の正規・非正規別：女性の結婚（初婚）・出産の状況

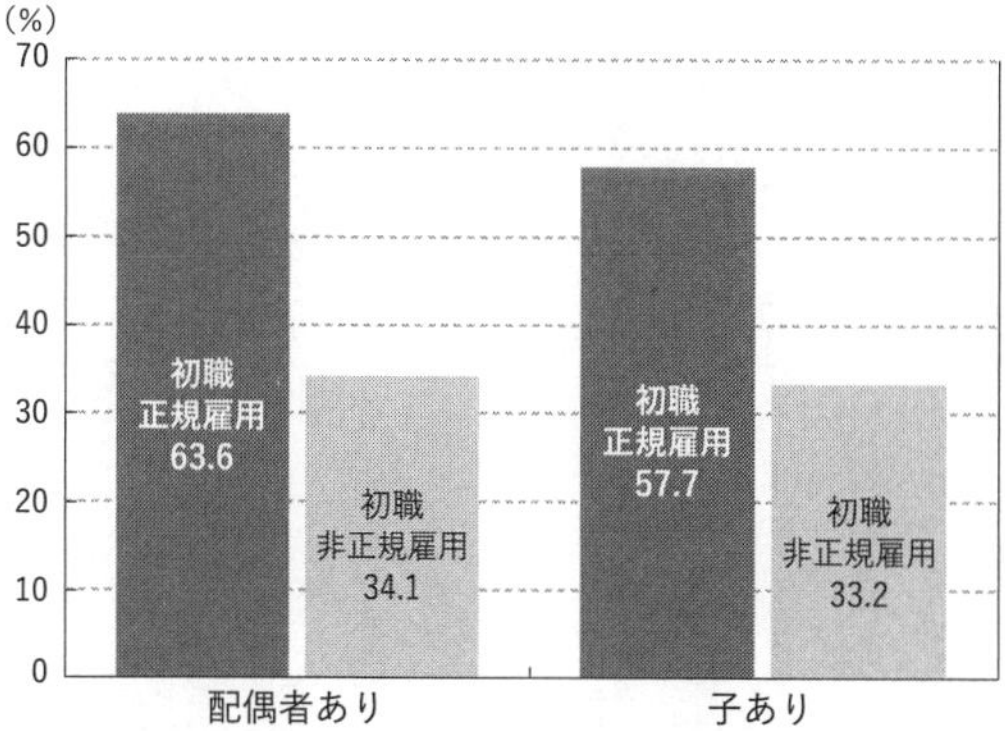

出所）2022年 連合「非正規雇用で働く女性に関する調査2022」をもとに作成
注：初職とは、学校を出て初めて就いた仕事

ない親からのプレッシャーもあるようだ、とも言います。

実際、女性でもその傾向がうかがえます。’22年の連合（日本労働組合総連合会）による調査では、同じ非正規（20～59歳）でも、初職が正規だった女性では、既婚率が6割強（63・6％）にのぼりますが、初めから非正規の女性では、既婚率が3割強（34・1％）と約3割も開きがありました（図表5‐3）。つまり、女性も「非正規」で居続けることで、結婚への意欲や行動が減退したり、男性から選ばれにくくなっている可能性は否定できないでしょう。

日本において非正規雇用者が急増した時期は、既述の通り、’99年の「労働者派遣法」の改正以降です。就業者全体に占める非正規割合は、'95年の21%が、'05年に33%と３人に１人となり、非正規人口も、'05年から'22年までに約１・３倍（１６３４万人→２１０１万人／約４割増）にまで増加しました（総務省「労働力調査」）。

一部では「女性の働き方が、アルバイト・パートから正規へとシフトしている」との声もあります。確かに女性の間では、企業の「（正社員の）人手不足」などを背景に、コロナ前後（'19年→'22年）で正規が80万人増えていますが、いまもやむなく非正規を選択している人（不本意非正規雇用者）が、男性で１０３万人、女性でも１０７万人（非正規全体のうち約１割）存在するのも事実です。

浜田氏が指摘する通り、こうした状況が結婚意欲を削いでいるかもしれません。やはり先のリスキリングや、政府がここ数年力を入れる「求職者支援制度」「キャリアアップ助成金」の制度拡充などにより、非正規を「永遠の非正規」にしない取り組みは重要でしょう。

半面、「非正規でも給付金（月10万円）を受け取りながら、職業訓練が受けられる」として期待された「求職者支援制度」は、近年、職業訓練の受講者数が年々減り続け、'19年度にピーク時（'12年度）の５分の１まで減ってしまいました（厚労省調べ）。所持金や訓練出席日数などの諸条件が厳しすぎることなどが原因ではないか、と言われています。

一方、たとえばデンマークでは、ＥＵが打ち出したコロナ後の復興ビジョン（グリーンリカバリー）を鑑み、「気候変動対策」の職業訓練を選ぶと、訓練期間中の給付がアップするといった制度が作られました。またアメリカでは、州ごとに医療やＩＴなどの成長が見込める産業を選定し、コロナで失業した人に、そこで働くために最先端の技能を学べる訓練を提供する取り組みが始まっているといいます（'21年「クローズアップ現代」ＮＨＫ総合、１月27日放映）。

日本も厳しい条件のもと、ただ一律に職業訓練を促すのではなく、今後の成長産業を見据えたうえで、よりフレキシブルな制度設計をし直す必要があるのではないでしょうか。

★提言８：**職業訓練では、諸条件の緩和や成長産業を見据えた新たな制度設計を**

経済格差（６）「キャリアアップの時間が取れない」

こうした職業訓練やリスキリングに取り組む際は、「時間」も大きなネックです。

私が教鞭を執る立教大学大学院では例年、「『通学時間が取れるなら仕事しろ』と上司に怒られるから言えない」と、会社に内緒で通い続ける学生が何人もいます。日本の場合、MBAホルダーが企業で評価されるケースは稀で、時間の確保も楽ではない状況です。

「非正規→正規」の職業支援も同じでしょう。いまや派遣社員やパート・アルバイトなど、正社員以外でも、フルタイム（1日8時間・週40時間以上）で働く人が約3割いて（'19年 厚生労働省調べ）、彼らは「正規を目指して学び直そうにも、時間が取れない」と頭を抱えます。仕事上で弱い、あるいは不安定な立場にある人ほど、時間を融通しにくいのが現実です。

今回取材した、Z世代のホテルマン（25）も、「1年間だけ休日（日、月）を変えてもらえれば、中国語学校に通えて、正社員になれるかもしれないのに」とため息をつきます。恋人はいるものの「非正規だと、彼女の親に（結婚を）反対される」というのです。

一般的に、Z世代の多くはスキルアップや「自分アップデート」に余念がないのが特徴だとされます。「近い将来、ジョブ型雇用が一般的になるだろう」や「○○のスキルを身につけないと、転職時に拾ってもらえない」など、新卒段階から危機感が強いのです。ゆえに、学び直しに理解のない職場は今後、彼らから「旧態依然とした職場で、魅力がない」と見られてしまうでしょう。逆に言えば、時間の融通も含め、学び直しに協力的な企業は、Z世代

図表５‐４　就業者（15歳以上）が非正規雇用を選んだおもな理由

	女性	男性
１位	自分の都合のよい時間に働きたいから 34.5%	自分の都合のよい時間に働きたいから 31.2%
２位	家計の補助・学費等を得たいから 22.1%	正規の職員・従業員の仕事がないから 16.1%
３位	家事・育児・介護等と両立しやすいから 15.4%	専門的な技能等をいかせるから／家計の補助・学費等を得たいから 共に12.7%

出所）2022年 総務省「労働力調査」をもとに作成
注：「その他」の理由を除く順位

に選ばれる可能性も高いのですが……最近は、こんな声も聞こえてきます。

「結婚した上司を見ると、あまりにテンパってて、結婚はメリットないと思っちゃう」

そう、結婚・出産して働く先輩たちは、未婚の若者に「時間がなく、テンパっている」ように見られているのです。ゆえに、彼らは「自分にはムリ」や「結婚や出産は、仕事上メリットがない」と感じてしまいます。昭和のように、結婚すると「一人前」と見られ、仕事の信頼度が増す時代ではないので、なおさらでしょう。

現状では、家事・育児、あるいは学び直しに時間を割きたい男女が、あえて非正規や時短勤務を選ぶ傾向もありますが、浜田氏によると、安易に時短勤務を選ぶことで、その後「時短トラップ」と呼ばれるリスクに繋がる可能性もある、と危惧します。

つまり、若者が時短勤務を取得した先輩を見て、「自分も時短にしてもらわないと、（仕事と）家事・育児や学び直しなどとの両立ができない」と思い込み、会社にその旨を願い出ると、会社の中で「期待されない社員」と見られ、責任ある仕事を任せてもらえなくなる。すると、就労時間の減少に伴って収入が減るだけでなく、昇進も遅れ、若者のやりがい喪失にも繋がり、仕事への希望や意欲を失う……といった悪循環です。

浜田氏は「フルタイムの正社員は、残業し放題」だと考えるような、旧態依然とした会社ほど、こうした時短トラップが起こりやすい、といいます。

「一方で、たとえば味の素のように、定時を午後４時半までと早める、あるいはＮＴＴのように、コアタイムをなくして『スーパーフレックス制』を導入したり、柔軟にリモートワークを選択できたりするようにすれば、従業員も自分の生活に合わせて家事や育児、あるいは学びの時間を設定できるはず」だ、とのこと。自宅で夜（深夜）、残った仕事を片付けるなど、労働時間を減らさずに働けるケースも多いでしょう。

★提言9：時短に限らず「フレックス勤務」を拡充し、若者の就労意欲減退を防げ

経済格差（7）「結婚・出産すると、仕事上で〝大損〟する」

また、出産後の女性では、いわゆる「チャイルドペナルティ」問題も指摘されています。正規でも第一子の出産前後で「離職」する割合が、いまも2割に及びますが（'22年 リクルートワークス研究所調べ）、その多くは非正規でしか復職できず、所得が激減してしまうのです。

財務省 財務総合政策研究所の古村典洋氏による研究では、そうした所得減が、デンマークで3割程度に留まるのに対し、日本では約7割にものぼる、とのこと（'22年 同「Ｗｏｒｋｓ」リクルートワークス研究所、12月発行号）。出産自体が、格差拡大に繋がる可能性も否めません。

賢いZ世代の若者たちは当然、こうした先輩の状況を見ています。もちろん、結婚や子育てにお金がかかることも把握していますが、先輩たちが結婚・出産によって、貴重な「時間」を奪われ、ひいては仕事への希望も奪われてしまう状況を、「先輩のようになりたくない」など、「逆ロールモデル」として職場で間近に見ているのです。

だからこそ、上の世代も真剣に、働き方の柔軟性を模索すべきではないでしょうか。

以前から、フレキシブルな働き方を推奨する国や地域として、北欧がよく例に挙がります。彼らは公務員比率が高いほか、労働組合が強い、「ジョブ型雇用」が基本であるなど、従業員個々の柔軟性を取り入れやすい土壌や歴史があるため、日本が国としてそれらを一律に取り入れるのは難しいかもしれません。

ですが今回、Z世代への取材を通じ、若者が結婚・出産を含めた未来に希望が持てなくなっている背後には、「仕事の劣化」が強く関係しているのだと痛感しました。

これまで日本では、時短やフレックス勤務といったフレキシブルな働き方は、ほとんどがシニアや女性、とくに結婚・出産後において多く起こる問題として語られてきました。ですが今後は、先の2025年問題（親の介護）などのほか、多様な生き方、働き方を好むミドルや若い未婚男女の間でも、就労形態の柔軟な変更を求める人が確実に増えるはずです。

いまこそ若者たちに、仕事の場でも「自分の人生を後押ししてくれる」「柔軟な働き方を認めてくれる」などと感じてもらう必要があるのではないでしょうか。就労上の格差や仕事の劣化を最小限に留めてこそ、彼らも未来への希望や心のゆとりが生まれ、本書で「共創結婚」と呼ぶような結婚・出産にも、少しは前向きになれるはずです。

> ★提言10：**介護や学び直しも視野に入れ、男女とも柔軟な働き方を活用できる社会に**
> ★提言11：**結婚に希望を抱かせるような、就労のフレキシビリティを**

5・2　社会通念の壁を越える

社会通念（1）「親が支える」は当たり前か

親と同居する未婚者を、山田教授が「パラサイト・シングル」と命名したのは、非正規雇用者の急増が社会問題になる直前の、１９９７年のことでした。’19年の時点で、未婚者（20～50代）全体のおよそ7割を占める彼らは、数にして約１４３０万人、’80年時点の3倍にものぼります。とくに近年、問題視されているのは、’10年に急増した壮年期のパラサイト（おもに団塊ジュニア）です（同「マネーポストWEB」小学館、5月26日掲載）。

「パラサイトの根底には、『困窮する若者を支えるのは「家族＝親」である』との社会通念が存在する」のだと山田教授。現実にも、非正規ほどパラサイト比率は高く、男性の正規でパラサイト（18～34歳）は6割強ですが、派遣やパート・アルバイト（非正規）では8割弱、同女性でも、正規のパラサイトが7割弱なのに対し、非正規では8割弱にのぼります（「第16回出生動向基本調査」）。

私は’04年を皮切りに、企業各社と海外のパラサイト事情の調査を始めたのですが、’90年代後半以降、親と同居する若者が増えたのは、日本だけではありませんでした。

たとえばアメリカでは、同時多発テロ（’01年）以降、親同居未婚者が増えたことを知りました。従来は大学入学時に入寮し、自宅を出ていくのが一般的だったのに、’01年以降は親元に居続けたり、一旦実家を出ても再び戻って来たりする若者、すなわち「Boomerang Generation（ブーメラン世代）」が顕在化していたのです。

またそのころ、同国では「Helicopter parent（ヘリコプターペアレント）」、すなわち高校生以上の子どもに対し、まるでヘリコプターのように周りを旋回しながら干渉を加える親、も話題でした。’07年に、ミシガン州立大学が若者と親の就活事情を調査したところ、子ども

図表5-5　親と同居する壮年未婚者（35〜44歳）の推移

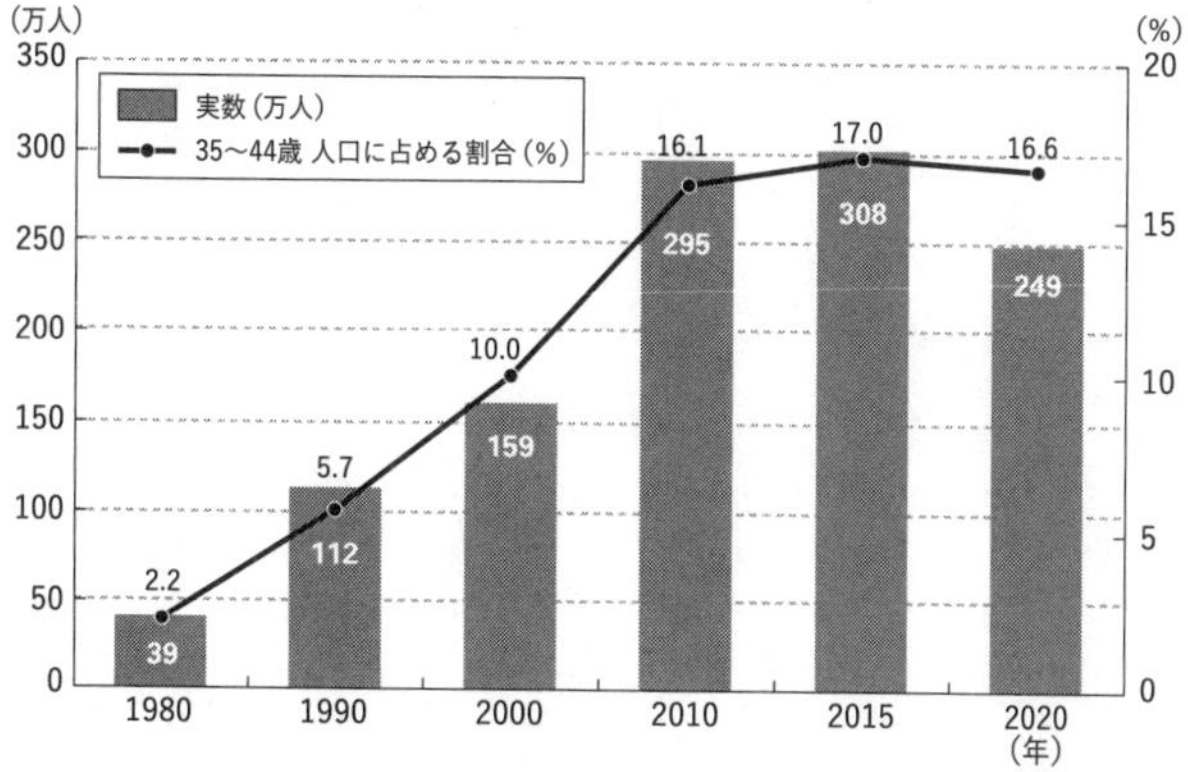

出所）2017年 総務省「親と同居の未婚者の最近の状況」、2020年 総務省「国勢調査」をもとに作成

の給与を会社と交渉しようとした親が9％いたほか、子どもの就職面接に同席した親も、4％いることが分かったといいます（’17年「フォーブス ジャパン」リンクタイズ、9月28日掲載）。

さらに、お隣の国・韓国でも、’90年代後半と’08、’09年にかけて「通貨危機」が起こり、「カンガルー族（日本のパラサイト・シングルとほぼ同義）」という言葉が広がっていました。韓国のニュースチャンネル「ＹＴＮ」の報道によれば、’85年から’10年までの25年間で、未婚男女（25歳以上）が親と同居する世帯が約3倍にも増えていたのです（同’16年2月16日放映）。

経済学には「規模の経済」の概念がありま

す。一般には世帯規模が大きくなるほど、家賃や食費、光熱費などの単位コストが抑えられるので、一人暮らしより複数人の家族で同居するほうが「コスパがいい」、ゆえにバブル崩壊や通貨危機など、不況や不安な社会がパラサイトの追い風になるのは、当然の現象ではあります。

半面、近年は豊かな親の子が豊かに、そうでない親の子が貧しくなる「格差の継承」も問題視されています。「親が支える」を当然とすることが、結果的に若者の格差拡大に繋がる恐れもあるのです。

本来、規模の経済が作用するのは「親子」だけではないはずです。とくに若い段階では、親元を出てひとり立ちする方向、たとえば友人・知人とのシェアハウスや、（未来の）恋人との同棲などにベクトルを向かせる支援を、検討すべきではないでしょうか。

★提言12：**「親が支える＝当然」ではない。若者がひとり立ちできる形の支援を**

図表5-6　未婚者（20～29歳）の同棲経験割合（推移）

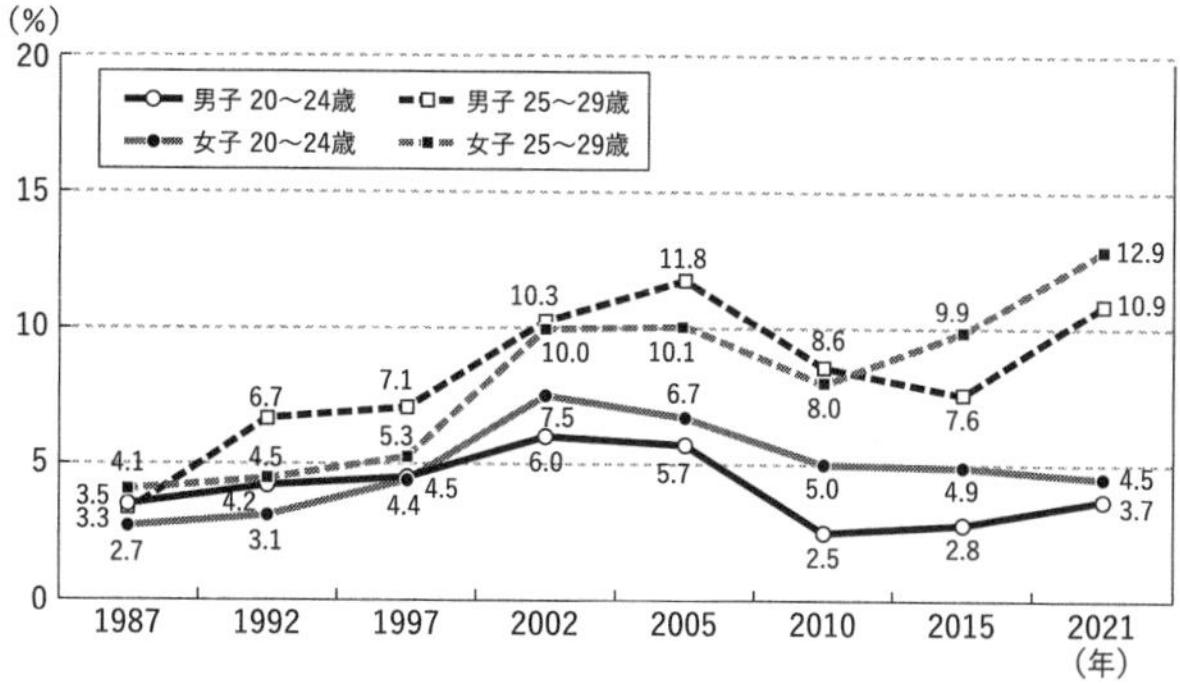

出所）2021年 国立社会保障・人口問題研究所「第16回出生動向基本調査」をもとに作成

社会通念（2）「同棲はとんでもない」は当たり前か

昭和の時代なら、入籍しない異性が共に暮らすことを「はしたない」とみる向きもあったでしょう。ですがいまや、同棲経験をもつ20代後半（25～29歳）の未婚者が、男性で10・9％、女性で12・9％と、1割以上存在します（図表5-6）（「第16回出生動向基本調査」）。

また、「事実婚や同棲よりも、結婚（法律婚）すべき」かどうか、を問う内閣府の調査でも、20～39歳の女性では「（やや）反対」（25・1％）が「（やや）賛成」（22・9％）を上回る、つまり同棲に肯定的である様子が見てとれます（'22年 同「男女共同参画白書」）。

ご存じの方も多いでしょう。フランスやスウェーデンには、同棲中（予定）のカップルが、入籍カップルとほぼ同等の法的保護（社会保障や財産分与など）を受けられる、お試し婚のようなシステムがあります。フランスでは「PACS（連帯市民協約）」、スウェーデンでは「サムボ」といい、いずれも結婚（入籍）に比べ、関係の成立や解消が簡便なのが特徴です。

両国はキリスト教が基本の国であり、フランスでは「結婚の際に教会での厳粛な挙式を伴う」のが一般的で、離婚時には（双方の合意があっても）「裁判が必至」とされています。一方、'90年代後半（サムボは'80年代後半）に新設されたPACSでは、カップル関係の成立と解消が、いずれも裁判所への書類提出だけで済むようになりました。

こうした試みに加え、両国では育児と仕事の両立支援なども功を奏し、いわゆる「婚外子」が、いずれも出生児全体の5～6割にのぼります（図表5-7）。また、一旦は1・5～1・6台まで低下した出生率も、フランスで1・8、スウェーデンで1・7と大幅に回復、婚外子がわずか2%前後に留まる日本や韓国が依然、少子化に悩むのとは、真逆の動きを見せています（THE WORLD BANK：Fertility rate, total 〈births per woman〉 2020ほか）。

もっとも山田教授によれば「日本で似た制度を導入しても、効果は限定的ではないか」とのこと。日本は、婚姻関係の届け出がさほど大変ではないうえ、同棲しながら結婚届を出さ

図表5-7　世界各国の婚外子割合

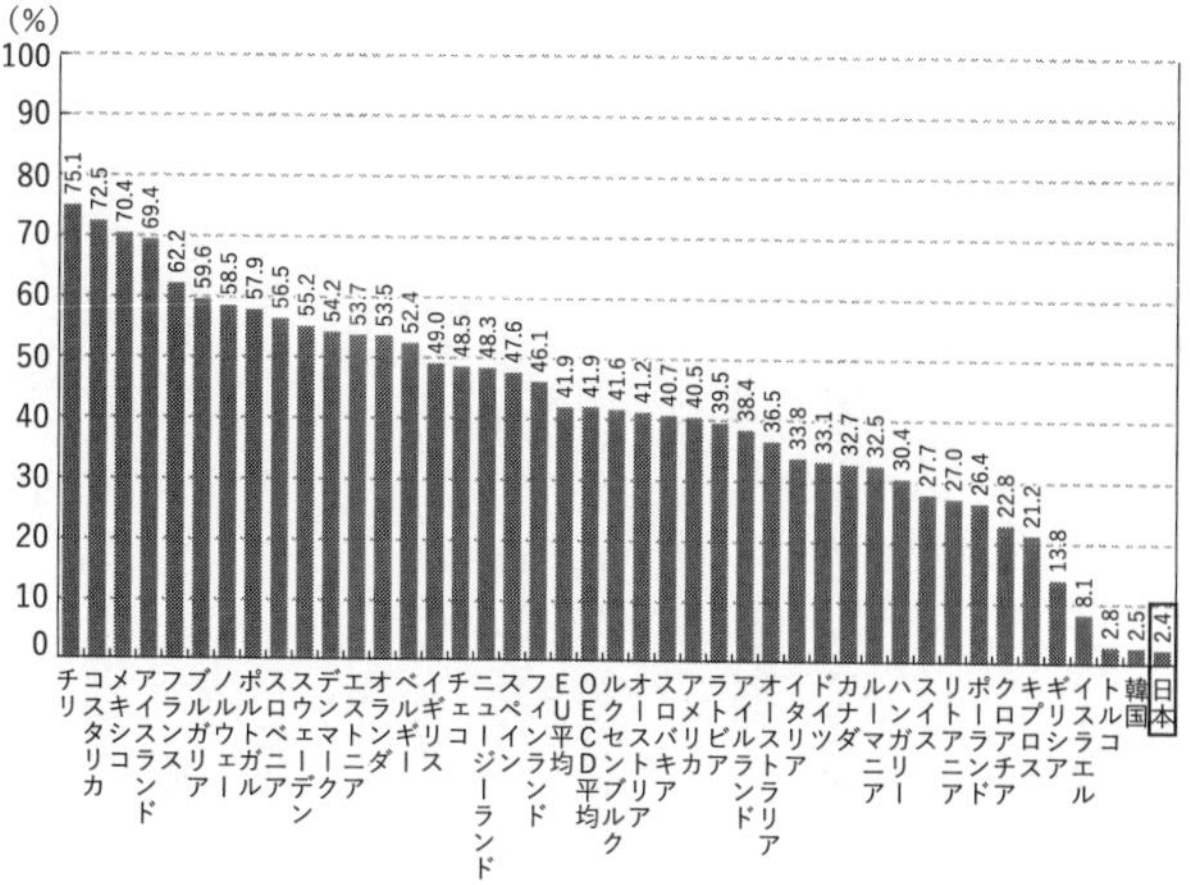

出所）2020年 OECD「Family Database-Share of births outside of marriage」をもとに作成

注：一部、2018、2019年のデータを採用する国・地域も含む

ずにいると「なぜ結婚しないの？」と周りから聞かれる、そのたびに説明するほうが面倒で、「それなら結婚届を出したほうが楽」だと考える若者も多いのではないかといいます。

　一方で、既に1割以上の若者（20代後半）が同棲を経験していることを鑑みれば、結婚後の夫婦だけでなく同棲段階の若者にも、住宅支援などの措置を施すことで、「それなら親元を出て、恋人や（異性の）友人と住んでみようか」と考えるケースも期待できるでしょう。

　また、いまや「恋愛対象ではない異性とルームシェアするのは、アリ」との回答が、20代では男女ともに3人に1人以上いますから（'17年「Ｑｚｏｏ」モニタス調べ）、長く共に過ごす「単純接触効果（繰り返し接することで、好意度や印象が高まること）」が二人の愛情を育み、やがて結婚へと導く可能性もゼロではありません。

「（同棲カップルの）なりすまし」など不正利用も懸念されますが、それはまた別の角度から取り締まるべき課題でしょう。幸い、日本では'33年、住宅の約3軒に1軒（現在約7軒に1軒）が空き家になると見られます（野村総合研究所予測）。また、人口減少に悩む自治体は「移住」を希望する夫婦に、既に家賃やリフォーム費用の補助など様々な優遇措置を講じています。これらを、同棲カップルにも適用できないでしょうか。

★提言13：**空き家や移住制度を活用し、同棲カップルにも住宅支援策を**

社会通念（3）「結婚＝入籍」「結婚＝同姓」は当たり前か

近年は、婚姻届を出さない「事実婚」や、結婚する当事者同士が同姓か別姓かを選べる

図表5-8　法律婚・事実婚などの割合（20〜60代男女）

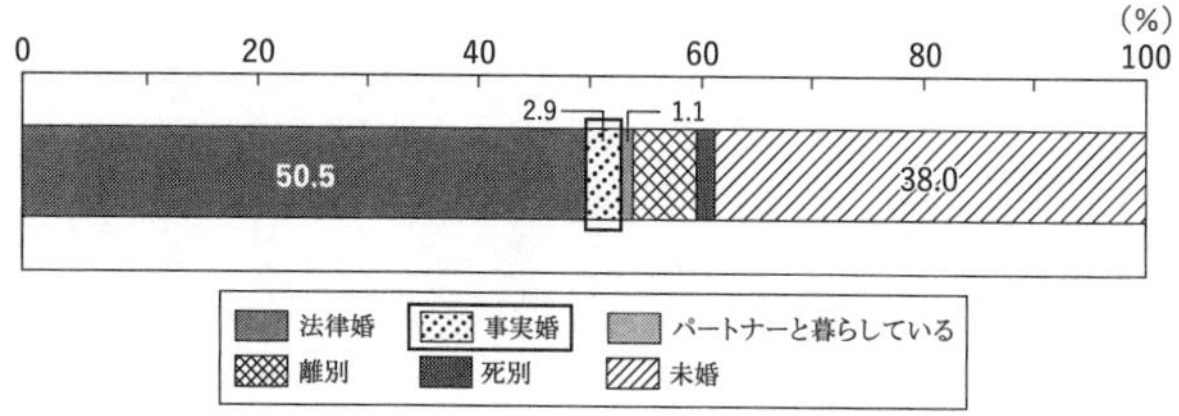

出所）2021年 内閣府「性別による無意識の思い込み（アンコンシャス・バイアス）に関する調査研究」をもとに作成

「選択的夫婦別姓」も、ホットワードと言えるでしょう。

'21年の内閣府の調査研究（図表5-8）によれば、事実婚を選択する人は、まだ2・9%のみですが、近年、若者を中心に支持を集めているのは既述の通りです。

'23年8月現在、子どもの親権を（認知しない限り）妻しか持てない、配偶者控除などが適用されない、といったデメリットもありますが、「離婚時に、財産分与で揉めたくない」や「相手の親戚と関係を持ちたくない」などから、事実婚を選ぶ人も多いようです。

さらにもう一つ、私がこれまでに取材した印象では、事実婚と選択的夫婦別姓、この両者には、深いところで共通するキーワードがあるように感じています。

それが「アイデンティティ」と「対等なパートナー関係」の維持、たとえば「子どものころ親が離婚して名字が変わり、突然別人になったように思えた」、だからもう同じような思いはしたくない、相手に合わせて名字（姓）を変えたくはない、といった感情です。

欧米では、夫婦の姓を法で規定しなかったり、同姓や複合姓などを選択できたりする国が多数派です。社会学者の中井治郎氏によれば、「儒教的な価値観が強い東アジアでも、中国、韓国、台湾は、夫婦別姓の伝統を持つ」とのこと。夫婦同氏制は、日本だけだといいます（’22年「ＰＨＰオンライン衆知」ＰＨＰ研究所、1月25日掲載）。

なぜ日本における結婚が、入籍や同姓（氏）にこだわるかといえば、第2章でふれた明治以来の「戸籍（家）制度」が厳然と残っているからでしょう。ここを簡単には変えられない理由について、私も多少は理解しているので、あえて細かな議論は避けます。

一方で、ヘルシンキ大学の非常勤教授・岩竹美加子氏は、日本における夫婦別姓の議論に対し、「諸手続きが煩雑だといった問題にばかり注目が集まり、社会の隅々にまで浸透する『女性差別』にまで深く向き合う議論がされていない」といいます（’23年「プレジデントオンライン」プレジデント社、3月4日掲載）。

まさに、ここがポイントの一つでしょう。連合の調査（’22年）によれば、婚姻によって名字（姓）を変えた人の92・2％（20〜59歳平均）は女性で、男性（同）では6・8％に留まり

図表5－9　婚姻により名字（姓）を変えた人の割合

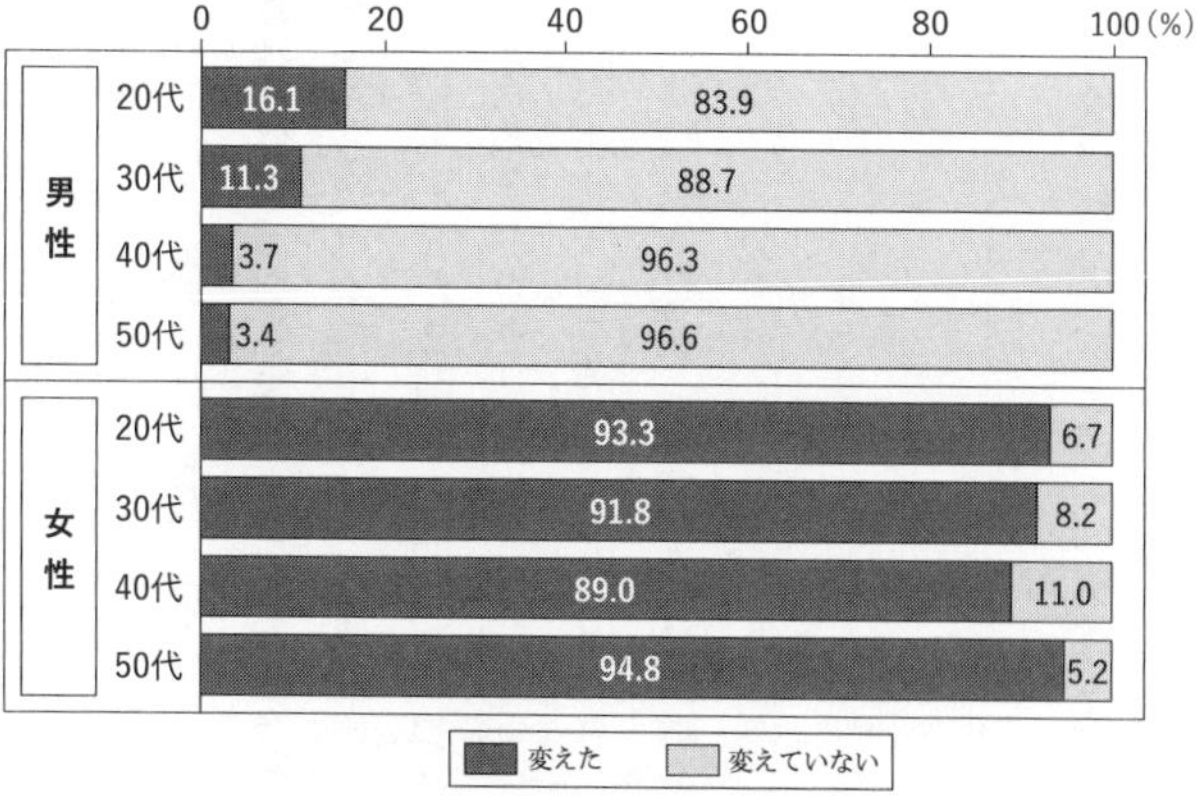

出所）2022年 連合「夫婦別姓と職場の制度に関する調査2022」より
注：対象は、婚姻届を提出した人

ます（図表5－9）。結婚後も、女性の7割が働く時代なのに、いまだ9割以上の女性が「結婚すれば、男性の名字（姓）に変わるのが当たり前」だとされる社会の変革こそが、大きな課題ではないでしょうか。それを放置することが、若者に「結婚＝オワコン」だと感じさせている側面もあるかもしれません。

また、先の内閣府の調査（図表5－2、237ページ）に目をやると、「積極的に結婚したいと思わない理由」に「名字・姓が変わるのが嫌・面倒だから」を挙げる声があることも分かります。声の主は女性ほど多く、20～30代女性で4人に1人以上（25・6％）、図表にはない40～60代女性でも3人に1人以上（35・3%）です。逆にいえば、名字（姓）を変えなくてもいい、あるいは「選べる」となれば、「結婚してもいい」と考える女性が一定数、増えるかもしれないのです。

女性だけではありません。先の連合の調査における「20代男性」の回答に注目しましょう。婚姻で名字変更する男性は、全体平均（20〜59歳）では6・8%のみですが、20代に限ると、なんと16・1%と2割弱が「変えた」と回答しており、おそらく彼らの価値観は、上の世代と大きく違うのです。

Z世代は男性も含めて、「男たるもの」や「女だから」など、性別の枠にはめられることを極端に嫌がります。そのことが結婚を遠ざけている可能性がある以上、一刻も早く「選択的夫婦別姓」を法的に認め、未入籍の「事実婚」にも、一定の権利や優遇措置を付与するべきではないでしょうか。

★提言14：**一刻も早く、事実婚や「選択的夫婦別姓」関連の支援や法整備を**

社会通念（４）「結婚＝異性と」は当たり前か

’23年６月、ＬＧＢＴなど性的マイノリティへの理解を広めるための「ＬＧＢＴ理解増進法」が成立し、施行されました。法案内容には、一部から後ろ向きな声も上がりましたが、Ｇ７加盟国で国レベルの同性カップルに対する法的保障がないのは日本だけですから、議論が深まったこと自体は、一歩前進と言えるのではないでしょうか。

この数年前からＳＮＳ上などで盛り上がりを見せていたのが、「パートナーシップ制度（同性婚）」をめぐる議論です。とくに近年、自治体では人口減少への懸念などもあり、国に先駆けてパートナーシップ制度を導入するところが増えています。

’15年、東京・渋谷区と世田谷区がいち早く同性カップルを公認、また’19年には、弁護士らが「マリッジ・フォー・オール・ジャパン（ＭＦＡＪ）」を立ち上げ、同性婚の法制化に向けて積極的な働きかけを始めました。同団体の調査によれば、パートナーシップ制度を施行する自治体は３００を超えるそうです（’23年８月現在）。

若者からすれば「ようやく」の感は否めないでしょう。

彼らの大多数は、以前から、「なぜこの国は、同性愛者に偏見の目を向けるの?」と疑問視していました。６万人への大規模調査でも、「学校教育でＬＧＢＴＱをはじめとする『性の多様性』について教わったことがある」との回答は、20代で約４人に１人にのぼります（24・5％）。ゆえに、40～50代（同回答約６％）の「男か女か」といった古典的な性解釈や結婚感に対し「所詮、この国は変わらない」など、閉塞感をおぼえていたのです（'20年　電通「ＬＧＢＴＱ＋調査２０２０」）。

彼らに結婚への期待感を抱いてもらうためにも、婚姻システムがあらゆる人々を受け入れようと「アップデート」しているのだと感じてもらわねばなりません。その意味でも、法整備に加え、新たな結婚を受け入れる社会を「見える化」する必要があります。

たとえば、「結婚式（挙式）」です。'12年当時、結婚情報誌「ゼクシィPremier（旧ゼクシィAnhelo〈アネーロ〉）」（リクルートマーケティングパートナーズ）の編集長を務めていた、元リクルートで現メディアプロデューサーの小林隆子氏は、誌面で初めてＬＧＢＴカップルの結婚式の特集を組んだといいます。すると、予想以上の数の式場やレストランから「素敵な企画ですね」「ぜひ協力したい」との声が上がったほか、（ＬＧＢＴではない）ストレートカップルの読者からも、「やっぱり結婚っていいなと思った」など、軒並み好評だったそうです。

'23年には、尼崎えびす神社（兵庫県尼崎市）で、ゲイカップルが神前結婚式を挙げました。

古くから神道は男女の結婚を前提としており、同性婚を「信仰上の理由」を背景に断るケースが大半を占める半面、このように「伝統は変容するもの」だと受け入れる神社も出てきたことは、時代を象徴する出来事だと言えるでしょう（同「神戸新聞NEXT」5月28日掲載）。

ちなみに、’21年、アメリカの大手調査機関は、同国の成人の約7％、Z世代に限定すると、5人に1人以上が「自分がLGBTQだと自認している」と答えた、との調査結果を公表しています（同 ギャラップ社調べ）。

「もはや昭和ではない」、政府や自治体、民間企業や団体も、いまこそ多様な結婚を「見える化」すべきではないでしょうか。

★提言15：**LGBT関連や同性婚の法整備で、婚姻制度のアップデート感を創出せよ**
★提言16：**民間や団体も様々なカップルを受け入れ、多様な結婚を「見える化」せよ**

社会通念（5）「結婚すれば妊娠する」は当たり前か

「結局は、君（親）のエゴでしかない。そんな思いで子作りするなら、僕は協力できないから」

30代後半のとき、夫にそう言われてしまいました。私がいわゆる「出産の期限」を感じつつも、軽い気持ちから「そろそろ、女として子どもを産んでみたい」「そうすれば、仕事の幅も広がるかもしれないし」と夫に持ちかけたときのことです。

当時は私も抵抗しましたが、頑固な夫は首を縦に振りませんでした。いま思えばあのとき、子作りする・しないで揉めたからこそ、いまも本音で向き合える夫婦でいられるのだろうと思う半面、いま私が20代なら、「卵子凍結」を真剣に考えたかもしれません。

'21年時点で、子がいない夫婦（結婚持続期間15～19年）は７・７％で、10組に９組以上は（順序はどうあれ）「結婚すれば妊娠・出産」を経験し、私たちのように意図的に子を作らない夫婦は、さほど多くないと思われます（同「第16回出生動向基本調査」）。

しかしその陰では、「なかなか妊娠できない」夫婦も増えているのです。「不妊治療」にまつわる検査や治療を体験する夫婦が、いまや４・４組に１組にのぼります（「第16回出生動向基本調査」）。また、彼らのうち体外受精を受ける夫婦は、１回平均50万円かそれ以上の治療費を負担していますが（’20年 厚生労働省「不妊治療の実態に関する調査研究」ほか／二人目不妊なども含む）、取材すると、仕事を続けながら毎月クリニックに通い、「今月こそはどうだろう」と期待しては裏切られる、といった精神的ダメージのほうを「辛すぎる」と嘆く夫婦が、圧倒的に多いのが実情です。

そんななかで近年、話題なのが「卵子凍結」です。

’13年、日本生殖医学会が事実上、健康な女性の卵子凍結を認めるガイドラインを発表すると、’19年までの6年間で、卵子凍結の治療総数はなんと約50倍にも増えました（’20年度 同「倫理委員会 登録・調査小委員会報告」）。

’17年、私がある大学の学食で、女子大生4人と談笑していた際も、一人が「昨日、卵子を冷凍保存してきちゃった」と切り出しました。すると同席した他の3人が、「えっ？ どこのクリニック？」と身を乗り出し、「元気な卵子って『お守り』代わりだよね」「結婚しないで、『精子』だけ探せばいいんじゃない？」と言い出したのです。

このとき、4人全員が「彼氏ナシ」で、21～22歳でした。私は「若いのに、なぜそんなことを」と、つい顔をしかめましたが、口火を切った彼女が、明るく「初回の採卵とかトータルで、30万円かからなかった」「結婚後に不妊治療を受けるより、コスパいいでしょ」などと笑顔で話すのを見て、「ある意味で、賢いな」と思うようになったのです。

もちろん、一部の誤った情報に踊らされて、「早く卵子凍結しないと」と、やみくもに焦るのは間違いです。半面、令和の共働き夫婦は「結婚すれば、そのうち自然に妊娠できる」時代ではなくなりました。10年ほど前から、取材でも（産休・育休に備え）「上司に『そろそろ子作りしてもいいですか』と相談する」といった男女が増えたほか、結婚後に排卵日を夫婦でシェアして、「今日は（排卵日だから、お酒を）飲んで帰ったら、コロス」とメッセージを送る妻や、「僕はどうせ種馬だから」と失笑する夫たちが、身近になっていたのです。

そんな先輩を見て、20代の女性たちが「いまから備えておかないと大変だ」と不安に襲われるのも当然でしょう。'19年にある女性向けメディアが、読者（20～30代女性中心）に行なった調査でも、「卵子凍結に興味がある」が7割弱、「卵子凍結をしたい」が6割弱にのぼりました（同「日経doors」日経BP、11月22日掲載）。

現在、日本産科婦人科学会が「未婚女性」も含めて公に推奨しているのは、おもにガン患者らの不妊を防ぐための卵子凍結に限られます。'22年、政府が公的助成対象とした精子・卵子の採取や凍結保存も、やはり未婚ではガン治療を控えた人たちが対象です（一部、実施主体の都道府県により異なる）。

一方で、東京都は'23年、健康な女性の卵子凍結について、助成制度を作るための調査に乗り出しました（同「NHK 首都圏ナビ」2月3日掲載）。現状を鑑みると、そろそろ国や産科婦人科学会も、健康な未婚女性も視野に入れ、現実的な議論をすべきではないでしょうか。

★提言17：健康な未婚女性も対象に、国として現実的な卵子凍結の議論を始めよ

社会通念（6）「女性だけが準備すべき」は当たり前か

私がいま、こうした議論を深めるべき、と考える理由は2つあります。1つは、国や日本産科婦人科学会が一定のガイドラインを作らないと、誤った情報が流布されてしまうから、もう1つは、「卵子凍結」が、新たな出産の道を切り開くかもしれないからです。

まずは、誤った、あるいは偏った情報認識についてです。

一般に、女性の体内で胎児期に作られた卵子は、産まれてから年齢と共に減少していくと考えられています。

ある研究報告によれば、34歳の女性の場合、30個の卵子があれば95％の確率で（少なくとも1人の）赤ちゃんの誕生に結びつくとみられますが、同じ個数の卵子があってもこの確率が、37歳では9割を切り（約87％）、42歳では5割を切ってしまう（約49％）可能性が指摘されているのです（日本産科婦人科学会サイト／R.H.Goldman. et al. [2017], *Predicting the likelihood of live birth for elective oocyte cryopreservation: a counseling tool for physicians and patients,* Human Reproduction, 32 (4)）。

では、男性のほうはどうでしょうか。’00年に報告された疫学調査によれば、実は35歳以上の男性も、25歳未満の男性に比べて「1年以内に妊娠に至る確率が2分の1」になる可能性が示唆されています（Ford W.C et al. [2000], *Increasing paternal age is associated with delayed conception in a large population of fertile couples: evidence for declining fecundity in older men,* Human reproduction,15 (8)）。一般には、「男性も30代半ば～40代になると、精子の質が低下したり、射精時の精子の数が減ったりするためではないか」と見られているようです。

また、WHO（世界保健機関）も、不妊症について「48％は、男性側に原因がある（男性のみ24％＋男女両方24％）」と明言しているほか、日本を含む各国の研究で、子どもの精神発達障害に「母親より父親の加齢」が大きく関与する可能性などが報告されています（’22年日本経済新聞、10月5日掲載ほか）。ただ、こうした可能性は卵子の問題ほど、情報共有されていないはずです。

そんななか、'21年、日本でも獨協医科大学が、第三者の精子を保存する「精子バンク」を初めて立ち上げましたが、'23年3月、早々に活動を停止することになりました。生まれる子どもの「出自を知る権利」ほか、法整備が進まないことが原因だといいます（同「NHKニュースWEB」6月7日掲載）。

このほか、精子については、現時点で真偽のはっきりしない不確実な情報が溢れているほか、男性自身がその劣化に無関心であるケースも多いと言われます。

若いうちから「もし将来、子を授からなかったら」と前のめりになるのは、圧倒的に女性でしょう。このままいけば、女性主導で卵子凍結の市場だけが急拡大し、「若いうちから女性のほうが準備すべき」や「不妊は女性のせい」といった社会通念が、広がってしまうのではないかと懸念されます。

また、既に一部の女性は、SNSや海外の精子バンクで精子提供者を探しているようです。'22年10月現在、世界最大とされる精子バンク企業（クリオス・インターナショナル／本社デンマーク）を通じて精子提供を受けた日本の利用者は、3年半で500人を超えたといいます（’23年 共同通信、1月29日配信）。

このまま真偽が不確かな情報や、前のめりになり過ぎる女性を放ったらかしにしたままでは、様々な弊害が生じてしまうでしょう。いまこそ社会全体として、男女共に、キチンとしたエビデンスを基にした正確な情報を共有すべきではないでしょうか。

★提言18：**不妊原因の半分は男性にも。エビデンスを基に、正しい情報共有を**

社会通念（7）「出産は、男女の結婚とセット」は当たり前か

他方、卵子凍結が、新たな出産の道を切り開くかもしれない可能性について、です。

アメリカでは、早くも’12年に、生殖医学会が「卵子凍結」の実用化に動き出しました。その後、海外企業の取材も多いＩＴ批評家の尾原和啓《かずひろ》氏から、「アメリカの大手ＩＴ企業で、卵子凍結をはじめ不妊治療をサポートするケースが出現しているようだ」との話を聞きました。調べてみると、ＩＴ大手のFacebook（現Meta Platforms）やGoogle、Appleなどが関

連費用のサポートを福利厚生に組み込むようになり、アメリカ在住の私の知人も、その恩恵を受けた、とのこと。日本でも'21年、メルカリが多様な人材の確保を目指し、卵子凍結に関する支援制度を試験的に始めるといった動きが起こっています。

では、卵子凍結を行なう女性は、既に特定のパートナーがいるのでしょうか。

いいえ、先の女子大生と同様に、そうとも限らないケースが多いようです。イェール大学のマーシャ・インホーン教授（医学人類学者）が、アメリカなどのクリニックで施術を受けた女性など１５０人を対象に「なぜ卵子凍結の施術を受けたか」を調査したところ、最も多かったのが「適切なパートナーがいないから」（90％）だったそうです（'17年「ＢＢＣ ＮＥＷＳ」７月６日放映）。

つまりアメリカでは「いつかは子どもが欲しい」「でもまだ相手はいない」、ゆえに「とりあえず」で卵子凍結を決断する人が、施術女性の９割に及ぶのだと考えられるでしょう。

理由はどうあれ、自身の卵子を凍結保存した未婚女性のなかには、「せっかく保存したのだから子作りしたい」「だったら結婚するか」と発想する人もいるはずです。あるいは、近い将来、「健康な卵子を保存してあるのだから、あとは健康な精子を手に入れて、未婚のまま子を産みたい」と発想する女性も増えてくる可能性があります。

さらに、凍結した卵子や精子の利用者が、男女のカップルとも限りません。

’19年、岡山大学が日本産科婦人科学会に登録する医療機関などに調査したところ、第三者の精子を用いた生殖医療を「ＬＧＢＴ（同性婚を含む）カップル」に行なった国内施設が、既に5施設あったといいます（同 日本経済新聞、10月7日掲載）。

今回のＺ世代への取材でも、「今後は、ＬＧＢＴカップルに対する『養子縁組』制度も整えるべきでは？」といった声が複数聞こえてきました。確かに日本では、現在、ゲイやレズビアン同士の同性婚カップルが、どちらかの卵子や精子を用いて子をもうけた場合、法律上はどちらか一人しか親権を持てません。ですが、今後は子の権利やＬＧＢＴカップルの人権を守るうえでも、養子縁組を含めた法整備が求められるでしょう。

「それを家族と呼べるのか」など反論もあるでしょうが、出生率を是が非でも上げたいと願うなら、企業だけでなく国も、そろそろ多様な概念に寄り添い、「本気」を見せるべきではないでしょうか。

★提言19：**企業も、卵子凍結や不妊治療を、福利厚生システムに組み込む努力をせよ**
★提言20：**LGBTカップルも含めた、生殖医療や養子縁組制度の議論を**

社会通念（8）「夫が家事・育児を〝手伝う〟」は当たり前か

いまや、若い夫婦では、夫が「僕も（家事・育児を）手伝うよ」と言おうものなら、「共働きなんだから、手伝うじゃなくて『シェア』でしょ」と妻に怒られる時代です。

妻が言いたくなるのも当然でしょう。６歳未満の子を持つ妻の家事・育児関連時間（週全体平均）は、１日７・34時間で、夫（１・23時間／日）より６時間以上も多いのが現状です。

共働きの夫の家事・育児関連時間は、この20年（'96年→'16年）で18分／日だけ増えましたが、それでもアメリカやドイツ、北欧の夫より、１日あたり１・５〜２時間以上少なく、極端なまでに妻にしわ寄せがいっています（'20年「男女共同参画白書」ほか）。子をもつフルタイム就業の妻とその夫に限っても、やはり妻（１・59時間／日）のほうが週に３時間以上

（就業日）も、夫（1・17時間／日）より家事・育児にかける時間が長い、との現実があります（'19年 内閣府「家事等と仕事のバランスに関する調査」）。

浜田氏は、「女性にも経済力を望むなら、男性も家事・育児に本気で関与すべき」だといいます。確かにそうでしょう。一方で、実は若い男性の3割がその時間を「増やしたい」としながら、諸外国に比べて圧倒的に時間が取れていない現状は、男性側の意識の問題だけでなく、フレキシブルな働き方を認めない「職場」の責任も重いと言えるはずです。

具体的には、20～39歳の男性（子あり）で「家事・育児時間を増やしたい」と考える人が約3割（27・7％）にのぼり、「仕事時間を増やしたい」（16・6％）を1割以上上回っています（'23年「男女共同参画白書」）。今後、たとえば男性社員が「子どものオムツを替えたいので、早く帰りたい」と願い出た際、「男のくせに」などとみる職場は、若い世代から「価値観が古い」として嫌われる恐れもあるでしょう。

また、民間や各自治体が提供する「外部サービス」の充実も欠かせません。

これは、私の修士論文以来の研究テーマの一つでもありますが、そもそも家事・育児時間を軽減しようとすれば、方法は大きく3つしかないのです。すなわち、（1）**内製化**（**家族間シェアなど**）（2）**時短化**（3）**外部化**（**外部サービスの利用**）です。このうち、1（内製化）では経済活動が発生せず、ＧＤＰ（国内総生産）にもカウントされません。「夫がやるか、妻がやるか」といった議論に留まる限り、家事・育児が「無償労働」と見なされ、日本経済にはほとんど貢献しないこともあり、本来は３（外部化）の拡充が望まれます。

かつては、「女性が家事を外注するなんて」といった社会の外圧や、女性自身の罪悪感も大きかったでしょう。コロナ禍前の'18年、経済産業省が外部に委託して実施した調査でも、家事代行サービスは約８割に認知されていた半面、利用者はわずか１・８％に留まっていました（'20年　日本経済新聞、１月４日掲載）。

ですが近年、若い世代がＳＮＳに後押しされ「私も使ってみよう」と利用するケースが少しずつ増えています。家事代行サービスのＣａＳｙ（カジー）でも、'20年の時点で、４週間に１回以上利用する「定期利用」の顧客単価が、'15年秋ごろに比べて15～20％程度上がったといいます。とくに単価の上がり幅が大きいのは、20代（約50％）だそうです。

ベビーシッターについても、ある民間企業（キッズライン）の登録者による性犯罪や不祥事が相次いだ結果、'22年、悪質なベビーシッターや認可外保育所について、自治体間で情報共有する仕組みがスタートするなど、一定の前進がみられました。適正な人材確保など、まだ課題は多いものの、こちらも今後、着実に伸びていくでしょう。

このほか、調理では「置くだけ社食」サービスの「オフィスおかん」（ＯＫＡＮ）が、従業員だけでなくその家族の夕食にも貢献する様子を、先日取材しました。福利厚生として、企業内に健康惣菜などが入った冷蔵庫を設置し、原則1品１００円で利用できるサービスで、ＡＮＡグループなど利用企業の一部では、従業員が「今晩の家族のおかずに」と買って帰るケースもあるとのこと。つまり、社食代わりとしてだけでなく、従業員の私的な家事（調理）の負担軽減や家族の健康にも、貢献している様子がうかがえるのです。

企業（職場）も今後は、従業員本人だけでなく、彼らの家族の健康や幸せにも繋がる福利厚生の提供を検討すべきではないでしょうか。令和の時代は、家族の健康にまで配慮してこそ、離職率の抑制や新規人材の獲得に繋がるはずです。

★提言21：**男性も、家事・育児を「手伝う」のではなく「担う」べし**

★提言22：**企業も従業員本人だけでなく、その家族の健康にも繋がるサービス導入を**

社会通念（９）「夫は妻より稼いでこそ」は当たり前か

既述の通り、男性の約５割が女性に「経済力」を求め、女性の９割以上が男性に「家事・育児の能力や姿勢（協力）」を求める時代になりました（「第16回出生動向基本調査」）。

令和のいま、男性は女性に、昭和の〝男性〟の役割を、女性は男性に、〝女性〟の役割を求めていると言えるでしょう。

しかし、女性が「自分より高年収の男性と結婚したい」と希望する「上昇婚」志向は、この40年間で大きくは変わりませんでした。第１章で、山田教授が「これほど長い間、女性の意識が変わらないとは思わなかった」と発言した通りです。

その状況は、「年収レベルが異なる相手との結婚はどうか」について聞いた、民間の調査でも明らかです。男性の間では、女性の年収が「かなり高くてもＯＫ」の回答がトップ（約７割）を占め、「（自分より高年収の女性は）考えられない」の回答は、２％しかいませんでした。しかし、女性におけるトップの回答は「（自分より低年収の男性は）考えられない」で約６割、逆に「かなり低くてもＯＫ」の回答は、なんと０％だったのです（'17年　エキサイト「エキサイト婚活調査」）。

もっとも現実には、自身の年収を下回る男性と結婚する女性も、少しずつですが増えている印象です。近年は、女性が男性にアプローチする婚活サイト「キャリ婚」(ninoya)なども登場し、結婚後も働き続けたいとする、いわゆる「バリキャリ」女性を中心に人気を集めています。私も取材しましたが、「本当に未来の妻が働くことを認め、サポートしてくれる男性か否か」を、スタッフが面談で見極め、通過した男性しか登録できない仕組みです。

また'11年、拙著『「年の差婚」の正体』(明治大学・諸富祥彦教授と共著/扶桑社新書)を書いたころから、妻が年上のカップルが顕著に増えていました。それでも'20年の時点では、「妻が4歳以上年上」となると、まだ初婚全体の6・4%しかいませんが、「妻が1歳以上年上」まで範囲を広げると、既に約4組に1組(24・5%)にのぼり、昭和でいう「姉さん女房」も、一般化しています(同 厚生労働省「人口動態統計」)。

拙著で取材したバリキャリ女性5人は、自分より低年収で、7~10歳年下の男性と結婚していました。彼女ら全員が口にしたのは、「家事(育児)力」と「癒し」。「夫はいつも、シャンプーの詰め替えやお弁当の準備など『名もなき家事』をやってくれる」や、「疲れて帰ったとき、彼が作ったみそ汁の香りに癒される」などの喜びです。

既に18~39歳の男女では、「夫は外で働き、妻は家庭を守るべき」との性別役割分業志向に「(どちらかといえば)反対」が、約7割にのぼります('22年 内閣府「男女共同参画白書」)。

また、明星大学の須藤康介准教授らの研究によれば、「大学院卒の女性は、男性から結婚相手として敬遠されることを自覚しており、（他の女性層より）アプローチしてきた男性と積極的に関わろうとする」ともいいます（須藤康介ほか［２０１８］「学歴・収入・容姿が成婚と配偶者選択行動に与える影響：結婚相談サービスに内包されたメカニズム」、『理論と方法』数理社会学会、33（2））。

女性も結婚後、第一線で働き続けることを希望するなら、「私が頑張って稼ぐから」と一定の覚悟を決めるべきでしょう。その際は、年下、あるいは自身より低年収の男性も視野に入れ、既成概念にとらわれない自由な結婚の形を追究すべきではないでしょうか。

> ★提言23：**第一線で働き続けたい女性は、年下や低年収男性との結婚も視野に入れよ**

社会通念（10）「結婚に恋愛は必要」は当たり前か

そして最後に。ここまで読んでくださった皆さんは、いかに恋愛と結婚が「水と油」で相容れないものか、理解してくれたのではないかと思います。

　すでに日本では、７割の夫婦が「共働き」です（図表5-10）。また、いまやフルタイム就業（週35時間以上／非正規含む）の妻をもつ家庭が約５００万世帯にのぼり、共働き全体の約４割を占めています（'20年　厚生労働省「厚生労働白書」ほか）。

　そんななか、誰もが「結婚すれば妊娠するのが当たり前」という状況ではなく、疲れきった夫婦（20～49歳）の間では「セックスレス」も当たり前になりました。第３章でも少しふれましたが、その割合は'06年（３割強）以降、ずっと右肩上がりで増え続け、'20年時点で５割を超えています（図表３-２、１６３ページ）（同「ジェクス　ジャパン・セックスサーベイ２０２０」日本家族計画協会）。

　また元来、ダイバーシティやＳＤＧｓ志向が強いＺ世代を中心に、ジェンダーギャップへの違和感やＬＧＢＴへの理解が進み、同性婚や事実婚（同棲婚）、選択的夫婦別姓、妻が年上の「年の差婚」なども、じわじわと広がりを見せています。今後、卵子凍結がさらに一般的になれば、結婚しないまま子を産むシングル女性も、少ないながら増えていくでしょう。

　これらの多くは、恋愛の延長線上にある結婚、すなわち「恋愛で女性をリードした男性が、家庭でも女性をリードする」といった図式とは一致しません。

図表5-10　男性雇用者世帯中、共働き世帯と専業主婦世帯の割合（推移）

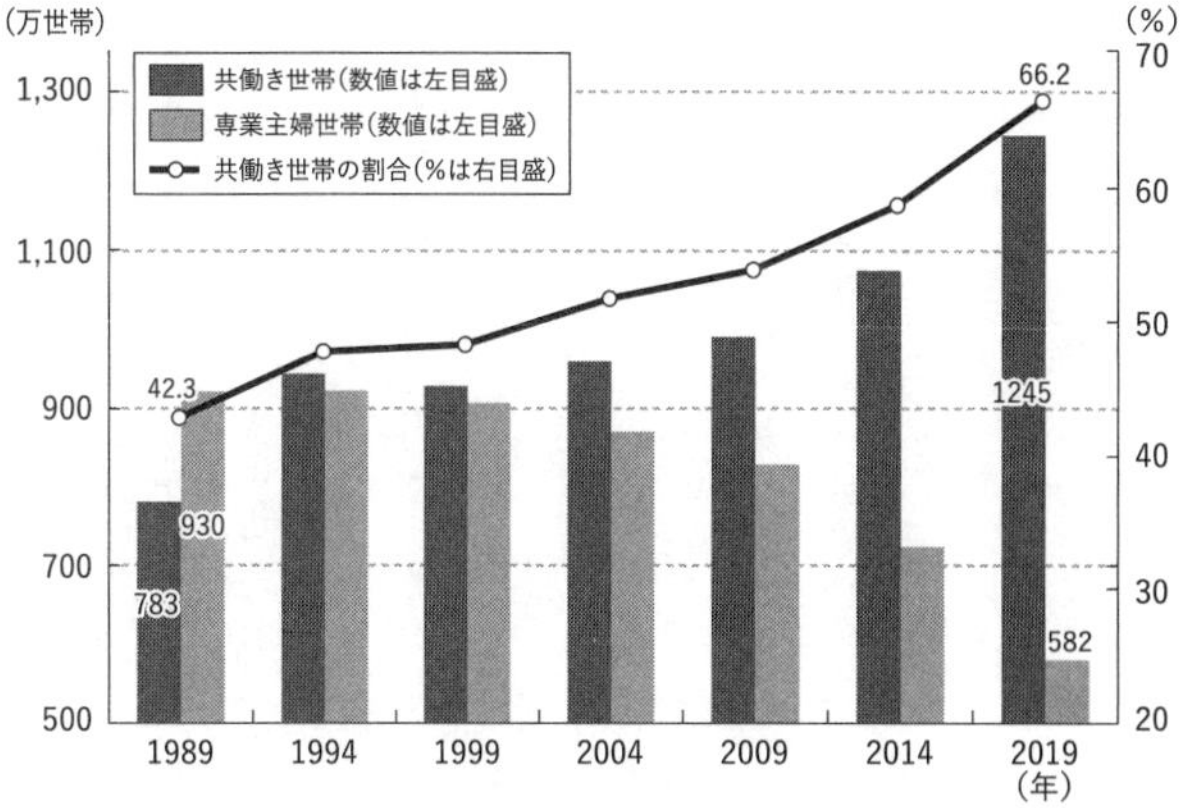

出所）2020年 厚生労働省「厚生労働白書」をもとに作成

　また、いまや不妊治療を含む子作りや家事・育児シェアなど、夫婦が「妊活（排卵日）アプリ」や「家事分担アプリ」を駆使し、ワンチームとしてスケジュール通りに行動する時代です。夫婦が恋愛気分で、「なんとなくいいムードだから、今晩エッチ（性行為）しようか」と目と目を合わせたり、夫が妻の機嫌を取ろうとして「トイレ掃除でも手伝っておくか」と重い腰を上げたりと、空気や気分次第で行動するようでは、子作りや家庭内タスクは、とても遂行できないのです。

　ムードや空気、気分に代わって重視されるのは、互いの「誠意と計画性」でしょう。

　事前に各々の担当範囲やスケジュールを共有し、目標を決め、裏切ったり失念したりすることなく、力を合わせてそのタスクをこなしていく、そうした誠意と計画性、そして「共創」の概念こそが、令和の結婚生活に求められることなのです。

そうである以上、「恋愛」と結婚・出産を無理に三位一体化させるより、令和のニーズに合わせて、最初から恋愛と結婚を切り離して考えるほうが、どう見ても自然ではないでしょうか。

おそらく、本章で挙げた多様な結婚の形を、「結婚ではない」とみる人もいるでしょう。

ですが、「ビール（アルコール）市場」を考えてみてください。この20年（’97年→’17年）の間に、飲酒習慣率、すなわち週3日以上、1日1合以上飲酒する人の割合は、20代男性で約半分に、同女性では3分の1にも減りました（厚生労働省「国民健康・栄養調査」）。またZ世代では、アメリカ由来の「ソバーキュリアス（あえて飲まない）」を志向する若者も増えています。それなのに、ビール類カテゴリー全体の市場規模は、20年間（’00年→’20年）の間に、当初懸念されたほどは落ち込まなかったのです（’21年　キリンビール調べ）。

なぜか、既にお気づきの人もいるでしょう。そう、若者がけん引したとされる「ノンアルコールビール」市場が、’09年の登場以来、4倍にも増えたからです。

逆に、もし「昭和のビール以外は、ビールと認めない」と、頑なに「ノンアル」を跳ねつけていれば、今日の市場規模は間違いなく保てなかったでしょう。

結婚も同じです。若者の８割以上が望む結婚を劣化させず、未婚化や少子化に向けて真剣に対策を講じたいと願うなら、大人たちも昭和の常識、すなわち「ロマンティック・ラブ」への頑ななこだわりを捨て、若者たちのニーズに真摯に向き合うべきではないでしょうか。

もはや昭和ではない、時代は令和です。「恋愛結婚が当たり前」から「共創結婚も、いいよね」へ、変わるべきは、私たち大人のほうなのです。

★提言24：**時代は令和。昭和の社会通念を見直し、若者たちのニーズに寄り添おう**

おわりに

「なぜ毎日、会社に出社する必要があるんですか」

「パソコンやスマホがあれば、都会に住む必要はない（リモートワーク可能）ですよね」

２０２０年２月、日本が「新型コロナウイルス」に襲われる以前から、Ｚ世代の若者たちは、こうした声をあげていました。かつて「働き蜂」と評されたバブル世代の私は、そんな彼らの呟《つぶや》きに対し、「そんなこと、できるわけがないじゃないか」と、心の奥で撥《は》ねつけていました。労務管理はどうするんだ、毎日顔を合わせなければ、結束が図れないではないか……。


一方で、以前私が所属していた経済産業省や内閣官房の委員会・研究会では、コロナ禍以前から「テレワーク推進」が議論されていました。’25年には団塊世代が要介護者が増えるとされる年齢（75歳以上）に達し、子世代である団塊ジュニア世代が「働きながら親を看る」時代に突入することが分かっていたから、また彼らの介護離職を防ぐため、企業各社にテレワークを容認してもらいたい、との国の意向があったからです。

私は何度か、「彼ら（団塊ジュニア）は親の介護どころか、自分やわが子を守ることで精一杯なんです」など、反対意見を述べました。ですが、深刻な人手不足に陥った日本では、子世代の力を借りなければ介護現場も立ち行きません。抵抗は徒労に終わりました。

そんな団塊ジュニアの子世代にあたるのが、本書で取材したZ世代の若者たちです。

彼らは、私が企業各社と行なうマーケティング調査の場で、「これからは国も会社も、自分を守ってくれない」「親や祖父母こそが、自分にとって『最後の砦』なんだ」といった、悲痛な声をあげてきました。本書で「共創結婚」を提案した理由も、「今後、彼らの親が倒れた際、彼らを支える存在が身近にいてくれれば」との思いが強かったからです。

結婚すれば、パートナーの両親の介護までも、彼らの身に降りかかる可能性があります。しかし、そのリスクを鑑みてもなお、ひとりで老いた実の親を看る苦痛に比べ、信頼できる誰かが身近で支えてくれるアドバンテージのほうが大きいはずだと、信じてやみません。

ただ、そうした時代に求められる結婚は、やはり昭和の「恋愛結婚」ではないように思うのです。

本書の第2章に登場した社会学者のアンソニー・ギデンズ氏は、1992年、既に「（サラリーマンと専業主婦からなる）近代家族やロマンティック・ラブの理想は、崩壊する傾向にある」と述べていました（『親密性の変容』而立書房）。

彼がこのとき、ロマンティック・ラブに代わる愛の形として主張したのが、「コンフルエント・ラブ（confluent love）」です。概念そのものは少し難解ですが、彼がそこで提示した考え方、すなわち「男性の年収や女性の容貌」など、ステレオタイプな魅力ではなく、相手の性格や人間性の理解に重きを置いてパートナーを選ぶ、また相手にどれだけ「無防備な自分」をさらけ出せるかによって愛情を測る、といったニュアンスは、まさに恋愛より信頼を重視する「共創結婚」に近い、と言えるでしょう。

コロナ禍を経て、時代は変わりました。昭和の常識であった「毎日出社する」ことも、必要に迫られ「テレワーク可能」へとシフトしたのです。いまこそ結婚も、恋愛結婚から脱し、無防備な自分をさらけ出せるパートナー探しへと、舵《かじ》を切るべきではないでしょうか。

最後に、本書の企画から取材、出版までには、各分野の専門家の先生方をはじめ、自身の恋愛・性経験や卵子凍結の意向などまで話してくださった10代、20代（おもにZ世代）の皆さま、弊社の平澤良子さんや田所祐子さん、大岡美由紀さん、堀越邦子さん、君嶋熙子さん、そして出版プロデューサーの干場弓子さんと光文社新書・編集担当の小松現さんに、膨大な量の論文データの精査をはじめ、言葉では言い尽くせぬほどお世話になりました。

近い将来、「結婚に恋愛は要らない」との考え方が「当たり前」となる社会が到来し、若者たちがロマンティック・ラブの呪縛から解放される日が来ることを願って……。

２０２３年８月

世代・トレンド評論家　牛窪　恵

本文図表制作　デザイン・プレイス・デマンド
目次・章扉デザイン　板倉　洋

牛窪恵（うしくぼめぐみ）

世代・トレンド評論家。立教大学大学院（MBA）客員教授。経営管理学 修士。大手出版社に勤務したのち、2001年4月にマーケティング会社インフィニティを設立、同社代表取締役。著書を通じて世に広めた「おひとりさま」（'05年）、「草食系（男子）」（'09年）は新語・流行語大賞に最終ノミネートされる。近著に『恋愛しない若者たち』（ディスカヴァー携書）、『若者たちのニューノーマル』（日経プレミアシリーズ）、『なぜ女はメルカリに、男はヤフオクに惹かれるのか？』（共著／光文社新書）などがある。テレビのコメンテーターとしても活躍中。

恋愛結婚《れんあいけっこん》の終焉《しゅうえん》

2023年9月30日初版1刷発行

著　者 ── 牛窪恵
発行者 ── 三宅貴久
装　幀 ── アラン・チャン
印刷所 ── 萩原印刷
製本所 ── ナショナル製本
発行所 ── 株式会社光文社
東京都文京区音羽1-16-6(〒112-8011)
https://www.kobunsha.com/
電　話 ── 編集部03(5395)8289　書籍販売部03(5395)8116
業務部03(5395)8125
メール ── sinsyo@kobunsha.com

ISBN 978-4-334-10068-1

1241

数字のセンスを磨く
データの読み方・活かし方

筒井淳也

私たちは数字に取り囲まれて日々を送っている。だが、数字をきちんと理解し、数字ときちんと向き合えているだろうか。計量社会学・家族社会学を専門とする著者が「数字との付き合い方」を示す。

978-4-334-04648-4

1242

追跡 税金のゆくえ
ブラックボックスを暴く

高橋祐貴

一般社団法人による〝中抜き〟、見えない五輪予算、孫の小遣いとなる中山間地域の助成金――。私たちの税金は何に使われているのか。気鋭の新聞記者がその杜撰な実態に粘り強く迫る！

978-4-334-04649-1

1243

友情を哲学する
七人の哲学者たちの友情観

戸谷洋志

友情とは何なのか。いま、その多様性を知ることが、人生をいくらか豊かなものにしてくれるのではないか。漫画が描く「友情」のあり方を参照しながら、哲学者七人の友情観を探る。

978-4-334-04650-7

1244

改訂版 東大合格高校盛衰史
1949年〜最新ランキング徹底解剖

小林哲夫

日本一の頭脳たちはどこから集うのか？ 名門進学校の凋落と躍進を辿ることで、日本社会の構造が浮き彫りになる。戦後から今に至るまでの合格者数ランキングで、東大受験の実情を一挙総覧！

978-4-334-04651-4

1245

リスキリングは経営課題
日本企業の「学びとキャリア」考

小林祐児

急速に取り組みが進む、知識やスキルの学び直し「リスキリング」を阻む、日本企業特有の構造とは何か。大人が世界一学ばない国・日本における学び方、働き方の新たな仕組みを考える。

978-4-334-04652-1

光文社新書

1246

宇宙ベンチャーの時代
経営の視点で読む宇宙開発

小松伸多佳　後藤大亮

宇宙開発は民間企業がイニシアティブをとる「ビジネス」として生まれ変わりつつある。ベンチャー・キャピタリストとJAXAのエンジニアが企業経営とサイエンスの観点から展望する。

978-4-334-04653-8

1247

東大生、教育格差を学ぶ

松岡亮二　髙橋史子
中村高康　編著

地域・性別・社会階層など本人が変えることのできない「生まれ」によって学力や学歴などに差がうまれる「教育格差」を、東大生38人はどう捉えるか。白熱ゼミの模様を新書化。

978-4-334-04654-5

1248

90歳までに使い切る
お金の賢い減らし方

大江英樹

「貯める・増やす」の呪縛、「老後不安」という物語に振り回されず、価値ある使い方をすることで人生を豊かに生きる方法とは。お金の本質を掘り下げ、日本人のお金観に一石を投じる。

978-4-334-04655-2

1249

大人のマナー術

辛酸なめ子

コロナ禍の限られた人付き合いで、辛酸さんのマナー感覚は危機的状況に。一念発起、よりよい人間関係のヒントを学びます。今こそ読みたい、避けられないコミュニケーションへの処方箋!

978-4-334-04656-9

1250

会社のなかの「仕事」社会のなかの「仕事」
資本主義経済下の職業の考え方

阿部真大

際限のない「超」長時間労働、蔓延するやりがい搾取、働き手を蝕む過剰サービス。日本人の働き方は、どうすれば変えられるのか? 疲弊した日本経済に「職業の社会学」が新たな地平を拓く。

978-4-334-04657-6

光文社新書

1256
編集者の読書論
面白い本の見つけ方、教えます
駒井稔

古典新訳文庫創刊編集長が綴《つづ》る気取らぬ読書論。話題は海外の書店や出版社、作家、歴史的人物、古典、短編、児童書へと縦横無尽に広がり、未読の本の存在にわくわくすること間違いなし！

978-4-334-04663-7

1257
超遺伝子《スーパージーン》
藤原晴彦

生き物の不思議を司る超遺伝子。メスの一部だけが擬態するナガサキアゲハなど、ダーウィンとウォレスが残した謎を解き明かして見えてきた、遺伝学の新たなフロンティアに迫る。

978-4-334-04664-4

1258
理想の職場マネージメント
一軍監督の仕事
高津臣吾

個性豊かな選手がひとつの方向を向くチームをつくるには？　セ・リーグ連覇、交流戦優勝、ゆとりローテーション、言葉の力――球界に革新を起こす名将が自らのマネージメント手法を語る。

978-4-334-04665-1

1259
参議院
倉山満

参議院を制する者が日本の政治を制する――。参議院とはいかなる存在なのか。誕生の背景から歴代政権のスタンス、そして現代日本政治まで、憲法学、政治学、歴史学の視点で検証。

978-4-334-04666-8

1260
東大生のジレンマ
エリートと最高学府の変容
中村正史

急増する休学者に、急進的な起業志向――保守的なはずの東大で、あえて「レール」を踏み外す学生が増えている理由とは？　激変する東大と東大生の「今」を、当事者たちの声が浮き彫りにする。

978-4-334-04667-5

光文社新書

1261

宇宙・0・無限大

谷口義明

私たちの想像が及ばないほど広大な宇宙は無限の大きさを持つのか。また、この宇宙に0となる物理量は存在するのか。シンプルながらも深遠な問いに天文学者が果敢に挑む一冊。

978-4-334-04668-2

1262

世界視点で読む 企業戦略とアート

上坂真人

なぜ世界のトップ企業は事業としてアートに投資するのか。日本には何が欠けているのか。ビジネスとしてのアートの役割と活用法を、豊富な事例とデータから分析・提言する。

978-4-334-04669-9

1263

教養を磨く 宇宙論、歴史観から、話術、人間力まで

田坂広志

哲学の究極の問い／「運命」とは何か／「人生百年時代」の覚悟／「死」とは何か／二一世紀の「利他主義」――教養とは答えの無い問いを問い続ける力。21世紀の「新たな教養」論。

978-4-334-04670-5

1264

戦時下のウクライナを歩く

岡野直

突如始まったロシアによるウクライナ侵攻。破壊された街で、失われた日常に、そこに生きる人たちは何を思うのか。ジャーナリストが歩いて、見て、聞いた、市民による〝戦い〟の記録。

978-4-334-04671-2

1265

アフガニスタンの素顔 「文明の十字路」の肖像

青木健太

カブール陥落から2年――タリバン統治の実態は？　女性の権利は？　和平実現への道筋は？　そして日本が果たすべき役割は？　激変するアフガニスタン社会を広く深くリポート。

978-4-334-04672-9